当代中国科普精品书系
山石水土文化丛书

中国科普作家协会 总策划
中国科学院院士刘嘉麒 总主编
倪集众 丛书主编

U0803474

上善若水

源远流长的水文化

毛德明◎编著

科学普及出版社
·北 京·

图书在版编目（CIP）数据

上善若水：源远流长的水文化 / 毛德明编著．
—北京：科学普及出版社，2019.9
（当代中国科普精品书系．山石水土文化丛书）
ISBN 978-7-110-09619-2

Ⅰ. ①上…　Ⅱ. ①毛…　Ⅲ. ①水－文化－中国－
通俗读物　Ⅳ. ① K928.4-49

中国版本图书馆 CIP 数据核字 (2017) 第 172886 号

策划编辑　许　慧
责任编辑　杨　丽
责任校对　杨京华
责任印制　李晓霖
版式设计　中文天地

出　　版　科学普及出版社
发　　行　中国科学技术出版社有限公司发行部
地　　址　北京市海淀区中关村南大街 16 号
邮　　编　100081
发行电话　010-62173865
传　　真　010-62173081
投稿电话　010-62176522
网　　址　http://www.cspbooks.com.cn

开　　本　720mm × 1000mm　1/16
字　　数　216 千字
印　　张　13.75
版　　次　2019 年 9 月第 1 版
印　　次　2019 年 9 月第 1 次印刷
印　　刷　北京瑞禾彩色印刷有限公司
书　　号　ISBN 978-7-110-09619-2 / K · 153
定　　价　68.00 元

（凡购买本社图书，如有缺页、倒页、脱页者，本社发行部负责调换）

《当代中国科普精品书系》总编委会成员

（以姓氏拼音为序）

顾　　问： 王麦林　章道义　张景中　庄逢甘

主　　任： 刘嘉麒

副 主 任： 郭曰方　居云峰　王　可　王直华

编　　委： 白　鹤　陈芳烈　陈有元　方　路　顾希峰　郭　晶
郭曰方　何永年　焦国力　金　涛　居云峰　李桐海
李新社　李宗浩　刘嘉麒　刘泽林　刘增胜　倪集众
牛灵江　彭友东　任福君　孙云晓　田如森　汪援越
王　可　王文静　王直华　吴智仁　阎　安　颜　实
殷　晧　尹传红　于国华　余俊雄　袁清林　张柏涛
张增一　郑培明　朱雪芬

序

刘嘉麒

普及教育，普及科学，提高全民的科学素质，是富民强国的百年大计，千年大计。为深入贯彻科学发展观和科学技术普及法，提高全民科学素质，中国科普作家协会决心以繁荣科普创作为己任，发扬茅以升、高士其、董纯才、温济泽、叶至善、张景中等老一辈科普大师的优良传统和创作精神，团结全国科普作家和科普工作者，调动各方面积极性，充分发挥人才与智力资源优势，推荐或聘请一批专业造诣深、写作水平高、热心科普事业的科学家、作家亲自动笔，并采取科学家与作家相结合的途径，努力为全民创作出更多、更好、水平高、无污染的精神食粮。

在中国科协领导的指导和支持下，众多作家和科学家经过三年多的精心策划，编创了《当代中国科普精品书系》。这套丛书坚持原创，推陈出新，力求反映当代科学发展的最新气息，传播科学知识，倡导科学道德，提高科学素养，弘扬科学精神，具有明显的时代感和人文色彩。该书系由15套丛书构成，每套丛书含4～10部图书，共约100余部，达2000万字。内容涵盖自然科学和人文科学的方方面面，既包括太空探秘、现代兵器等有关航天、航空、军事方面的高新科技知识，和由航天技术催生出的太空农业、微生物工程发展的白色农业、海洋牧场培育的蓝色农业等描绘农业科技革命和未来农业的蓝图；也有描述山、川、土、石，沙漠、湖泊、湿地、森林和濒危动物的系列读本，让人们从中领略奇妙的大自然和浓郁的山石水土文化，感受山崩地裂、洪水干旱等自然灾害的残酷，增强应对自然灾害的能力，提高对生态文明的认识；还可以读古诗学科学，从诗情画意中体会丰富的科学内涵和博大精深的中华文化，读起来趣味横生；科普童话绘本馆会同孩子们脑中千奇百怪的问号形成一套图文并茂的丛书，为天真聪明的少年一代提供了丰富多彩的科学知识，激励孩子们异想天开的科学幻想，是启蒙科学的生动画卷；创新版的十万个为什么，以崭新的内容和版面揭示出当今科学界涌现的新事物、新问题，给人们以科学的启迪；当你《走进女科学家的世界》，就会发现，这套丛书以浓郁的笔墨热情讴歌了十位女杰在不同的科学园地里辛勤耕耘，开创新天地的感人事迹，为一代知识女性树立了光辉榜样。

科学是奥妙的，科学是美好的，万物皆有道，科学最重要。一个人对社会的贡献大小，很大程度取决于对科学技术掌握运用的程度；一个国家，一个民族的先进与落后，很大程度取决于科学技术的发展程度。科学技术是第一生产力这是颠扑不灭的真理。哪里的科学技术被人们掌握得越广泛越深入，那里的经济、社会就会发展得快，文明程度就高。普及和提高，学习与创新，是相辅相成的，没有广袤肥沃的土壤，没有优良的品种，哪有禾苗茁壮成长？哪能培育出参天大树？科学普及是建设创新型国家的基础，是培育创新型人才的摇篮，待到全民科学普及时，我们就不用再怕别人欺负，不用再愁没有诺贝尔奖获得者。相信《当代中国科普精品书系》像一片沃土，为滋养勤劳智慧的中华民族，培育聪明奋进的青年一代，提供丰富的营养。

前言

一

看到“前言”的题目似乎与读者拿在手上的《山石水土文化丛书》中的任何一册的内容都不搭界。且待我慢慢说来。

什么是“地球科学文化”？

先说地球科学。它是探讨地球的形成、发展和演化规律，及其与宇宙中其他天体关系的科学。它的研究范围上涉宇宙空间，下及地球表面以至地球核部的所有物理的、化学的和生物的运动、性状和过程。在三四百年的发展历史中，地球科学经历了初期的进化论阶段、中期的板块构造论阶段和近期的地球系统科学阶段；这个崭新的地球系统科学的阶段无论从科学发展还是人类社会发展的角度，都要求人们将地球作为宇宙巨系统中的一个子系统来研究，要求从可持续发展的角度对待自然界。它与前面两个阶段最大的区别，就在于要竭力打造新型的地球科学文化观。

“文化”广义而言就是人类社会所创造的物质财富、生活方式和精神理念的总和；生活方式是指人与自然界之间的相互作用过程，精神和理念则包括人的世界观、人生观，以及处理人与人之间、人与社会群体之间、人与自然界之间关系的方式和准则；从狭义来说，文化是人类的意识形态对自然界和社会制度、组织机构、生活态度的反馈，是人的智慧、思想、意识、知识、科学、艺术和观念的结晶。一言以蔽之，“文化”就是以文学、艺术、科学和教育的“文”来“化”人。

由此看来，地球科学知识本身也是一种文化。但是，纯粹的地球科学知识的“结晶体”中如果缺少了文化元素，也就失去了“灵魂”和精神、理念的支柱，危机便由此而生。新的地球科学文化观要求我们建立新的地球观、宇宙观、人生观以及资源不可再生意识、环境保护意识、水资源意识、土地意识、海洋意识、地质灾害意识、地质遗迹保护意识和保存地质标本及图书珍品的意识，因为这些理念和意识的建立与深化直接影响到人生观和世界观。其基本目标是人与自然的协调和人类社会的科学发展之路。

世纪之交所孕育的地球系统科学，使地球科学成为二十一世纪与人类社会发展关系最密切、最重要、最伟大和最具发展空间的一门科学。

自从人类登上地球“主宰者”的宝座以来，思想上形成了一套定式思维：我是地球的主人；征服自然是人类的使命。可是，当历史的时针走到二十世纪后叶的时候，这种思维遇到了不可逾越的障碍——文化；不是说文化阻挡了人类征服地球的企图，而是人类自己的行为造成的种种危机向人类提出了警告：水危机、土地危机、粮食危机、资源危机已经危及人类的生存，这种危机实质上就是文化的危机，是机械的世界观和方法论出了毛病，是定式思维引发人与自然、人与社会、人与人之间矛盾的总爆发。

二十世纪七八十年代，地球科学家首先看到了这一点，社会上有识之士也看到了这一点。

于是，地球系统科学将研究的对象系而统之地扫入了自己的研究领域，产生了意识、思想和理念等文化元素的地球科学文化，将自然科学与人文科学、社会科学联姻，引导地球上所有的“球民”自觉地、文化地对待地球。这种文化是人类认识、理解、开发和利用地球的指导方针，是调整人与自然关系的准则，是人类在社会实践过程中积累的精神成果和物质成果。

这就是地球科学文化产生的社会、历史和文化背景。

二

笔者在数十年的科研、科技管理和科普工作中，深切地感到我们工作的“软肋”不仅在于数量不足和普及面窄，也不完全在于科普投入量少和手段的落后，而是在于质量和内容上明显的“扬自然科学，抑人文科学”“重知识传播，轻科学精神和科学方法宣传”的倾向。深感应将科普工作的目标定位在自然科学与人文科学的结合面上，促进人生观、世界观和理念的更新；应同时注重机制创新、内容创新和形式创新并举，明确没有文化意义上的素质是空洞的、不能实践的，因而也是虚假的“素质”。

作为地球科学工作者，义不容辞的职责是在深化科学研究的同时，普及科学知识，宣传科学方法，树立科学理念，弘扬科学精神，走出一条地球科学文化的创新之路。这也就是我们决心撰写一套融地球科学知识于文化之中的科普丛书的初衷。早在二十世纪末，笔者就开始构思这样一套书。虽因种种原因而时常“搁浅”，但编辑一套《地球科学文化丛书》的想法始终“耿耿于怀”：总希望山文化、石文化、水文化和土文化有那么一天化成文字，走进千家万户。2008 年年初，这一夙愿终于见到了“曙光”：这一设想被列入了中国科普作家协会《当代中国科普精品书系》计划之中。真是“十年磨一剑”！在他们热情的支持和指导下，编辑出版工作顺利开展。

现在诸位看到的这套讲述山文化、石文化、水文化、土文化和赏石文化的丛书，仅仅是向读者介绍地球科学文化的一个侧面，远远不是地球科学文化的全部，我们只是想通过自然界最常见、最习以为常的山、石、水、土中的文化元素，来显现地球科学文化的“冰山一角”。

最后还有两点希望：一是我们这个写作团队的成员都是自然科学“出身”，撰写过程中深感从自然科学知识分析其文化内涵颇有难度，常常是心有余而力不足；但这毕竟是我们自己知识层面上一次“转型”的尝试，希望能听到读者和文化界行家的批评指正。二是祈望这一套书能为地球科学文化起到抛砖引玉的作用：企盼有更多的人走进自然，亲近自然，热爱自然，保护自然；我们的科普讲坛上涌现出气文化、茶文化、花文化、树文化、竹文化，以至森林文化、公园文化、旅游文化、生态文化……的丛书。

总之，如若这套书能得到读者的欢迎和厚爱，则心满；如若再能看到一个百花盛开的地球科学文化的书市，则意足矣。

愿地球科学文化走进千家万户。

 谨此

草于 2009 年 11 月 28 日

2017 年 6 月 8 日修改

编著者的话

当我们转动地球仪，发现地球表面大约70%的面积被水覆盖着，人类似乎生存在一个独特的水球上。

水是生命之源！现代医学已证实，人体中的水分，大约占到体重的65%。其实，人类早在母体里就是由羊水孕育着的，出生后维持生命的食品中水也是最主要的一种成分。

水永远不声张不炫耀，默默地奉献，赋予生命大恩大惠。所以古往今来有许许多多赞美水的佳句。电视歌曲《长江之歌》："你从雪山走来，春潮是你的丰采……"赞美水姿风韵，不仅仅是因为水给予人类必要的孕育和生存条件，优美的养生环境，更因为是水感悟了人类的理性和文明。

我们知道，处在高原河源的水，时刻听从着大海的召唤，一心牵挂着在低处渴望它的万物生灵。水不惧土石挡道，慷慨接纳泥沙，不吝汽化升腾，或逶迤潺潺，或波涛滚滚，毫不犹豫地披荆斩棘，勇往直前。水有无限的真诚和耿耿忠心。

水承载航船，从不言辛苦；百川水汇合流，从不论贵贱；水洗涤万物，从不嫌脏臭；水滋养生命，从不计功利；水呈现无比高尚的大气和大德。

干净的水是清澈透明的，古人最早以水为镜。唐柳宗元的《小石潭记》

描述:“潭中鱼可百许头，皆若空游无所依。日光下澈，影布石上，佁然不动；俶尔远逝，往来翕忽。似与游者相乐。”是说水清澈可见底，鱼的影子投在水底的石板上也十分清晰；水是优雅的，又是淡泊和宁静的。

说水滴石穿是小瞧了，水能在岩层中形成暗河，在瀑布下冲出深潭……看似绵软无形的水，何以竟有如此坚韧锋利的刀刃？那是因为水具有持之以恒、以柔克刚的能耐。

水的这些高尚品格正是人类崇尚的楷模。老子说的“上善若水”就是这个意思。

没有水哪会有船，没有水哪会有桥！因为水的千姿百态，才有了各种用途、各种吨位、各种式样的船舶；有了水才有了各种力学结构、各种外观、各种跨度的桥梁。水实在是启迪人类丰富想象力和创造力的导师。

水也是有脾气的，也似乎是为了测试人类的智慧，或者是为了考验人类的生存能力，水总要出一些难题让人类去解决。当海底发生强烈地震，它会发怒咆哮，形成排山倒海的海啸；当疏松坡地的植被遭受破坏，在倾盆暴雨后水会携带泥土、碎石顺坡而下形成摧枯拉朽的泥石流；当台风来临，会引起沿海海水、江水和河水的倒灌……这一切都给人类造成灾难。人类正是在克服这些灾难过程中增强了生存能力。水有时也充当反面教员，让人类永远牢记自己犯下错误后应得到的教训。

远古的人类对水因爱而崇敬，因惧而祈求。因此有了寄托祈望的水节日、水崇拜、水的庙宇、水的装饰等。对水的敬畏成为水文化不可忽略的一个重要组成部分。

因为有了水，才有了贾湖文化、红山文化、仰韶文化、龙山文化、良渚文化、大汶口文化和河姆渡文化等诸多灿烂的中华民族文化和辉煌的农耕文明。

中国的水文化源远流长，发源于黄河、长江的大河文明孕育了水文化；由水文化衍生的水崇拜，是一种爱水、惜水、尊水、依水、礼水和理水的情操和意识遗传。原生态的持续不断地传承到今天，是中华民族文化的主要代表之一。水崇拜的烙印深深地镌刻在中国古代政事活动、政治体制和迷信宣传等诸多领域。

水是单纯的，又是博大精深的。水以自己的性质和用途启迪人们创立了诸多与它有关的学科：水文地质学、水力学、水利学、水工建筑学、水产学、海洋学、水稻栽培学，以及水质监测、给排水工程、水上运输等学科和各式工艺技术。水给人以美感、智慧和享受，给人以力量和创造，也给人以灾难和伤害，所以人们或以脍炙人口的诗、词、歌、对联和散文畅怀赞美水，或以神话、民谣和游记阐述“水”的千秋功罪。

现代科学技术的发展，使人类对水有了更多的了解，认识到水是人类进化的源泉，水对人类的贡献或者说人类可以从水那里获得愈来愈多的恩赐和启迪。

但是，地球所拥有的总水量几乎是恒定的，其中所占比例不到 3% 的淡水也不会自然增加，而全球人口数量的增加，经济的发展，将需要更多的淡水。人类是否已经意识到：水也有弱点，即水能洁净万物却不能在短时间内洁净自身。如果人类肆无忌惮地污染了水，不去呵护水源，甚至无端地糟蹋水资源，那么水将会毫不留情地报复人类！建设地球美好家园的心愿就将是一句空话。

本书是融知识性、科学性和通俗性的水文化科普读物，立意了解水，呵护水源，保护水域，节约用水。书中援引了诸多教材、学术期刊、画报、网络的资料，在此向所有资料的作者表示衷心的感谢。

主编倪集众研究员参与了本书书稿的多次讨论和修改，提供了众多珍贵资料和图片；商立海博士为本书做了不少前期资料收集工作，在此一并表示感谢。

毋庸置疑，本书远远不是全面反映水科学、水资源和水文化研究的集大成者；由于编者知识水平的局限，书中难免有谬误和不当之处，恳请专家和读者不吝指正。

毛德明　谨识
2012 年 10 月 22 日
2018 年 10 月 22 日修改

目录

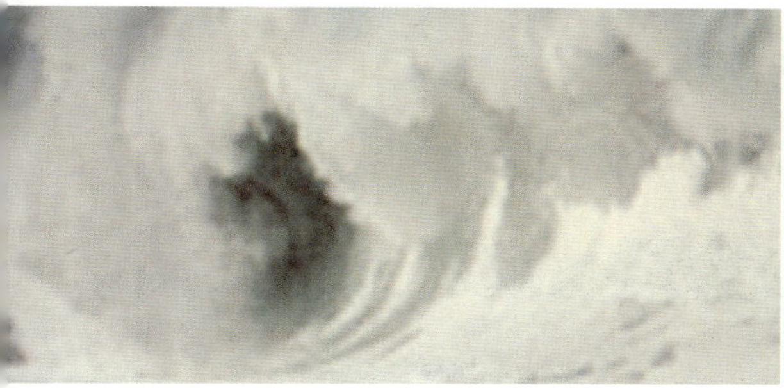

上善若水

源远流长的水文化

“昼夜不舍，天地同流”，这是太原晋祠“难老泉”旁的一副仅有八个字的对联，却点出了水的浩瀚和博大。几千年来人类对水的观察、研究从未间断，与水的交往愈来愈亲密，发现水还有许多奥秘值得继续去探索……

水，我们了解多少

我们每天都需要，要喝、要洗、要用的……全是水；我们经常要遇到，江河、小溪，还有广场的喷水池……我们还知道，大海里的水最多，大江里水流最急，水井里水最平静。而水的许多特异功能更是引起我们浓厚的兴趣：水被加热到一定温度会沸腾成为“汽”，被冷却到一定温度会变成固态的“冰”；在炎热的夏季，洒水车播着悦耳的乐曲为马路洒水降温……在日常生活中我们还听说过，一些非正道商品被称为“水货”，道路被严重堵塞可以用“水泄不通”来形容……水是所有生命不能缺少的物质，又是人文领域无处不在的一种“元素”。

水为什么能“扮演”如此众多的角色呢？

水的“变脸”

水有三种状态：气态、液态和固态。液态水是不具备固有形状的，在杯子中就是杯子的形状，在瓶子中就是瓶子的形状，司马光砸缸救小朋友的故事生动地说明了水的这一性质。

液态的水最为常见。水在一个标准大气压下，在 0 ~ 100℃范围内呈液态：日常的自来水、矿泉水，滔滔的江河，壮美的瀑布，平静的湖泊，浩渺的大海，都是液态的水。

在一个标准大气压下，当温度低于 0℃，液态的水就会凝固成固态的冰。冬天会下雪，夏天特殊天气会下冰雹，冰箱里面会结冰，还有两极的冰盖，高海拔地区的冰川、雪山等，统统是冰及其固态变种——雪。

在一个标准大气压下，当温度高于 100℃时，水就会汽化为水蒸气，成为气态的水。譬如，水壶中的水沸腾了，壶嘴就会冒出白色的蒸汽；洗澡的时候相对密闭的浴室中，充满了雾蒙蒙的蒸汽。这说明水是具有挥发性的。其实即使在低于 100℃时，水也会挥发到大气中成为气态的水，所以晾晒的衣服会干爽，金鱼缸里要定时添点水。因为水是无色无味的，在通风良好、空间开阔的条件下，我们感觉不到水在挥发，甚至在人感觉寒冷的低温条件下冰也在挥发。固态的冰直接变成汽，这个过程称为升华。

水的形态特征与温度、压力有直接的关系。理论上可采用相律来描述：下图是根据实验结果所绘制的相图。从这张图可以看出四种情况：①水分子（H_2O）在 COB 曲线的左侧是固态的“冰”，在 AOC 曲线上方是液态的“水”，而在 BOA 曲线下方就变成了气态的“汽”。在这三个区域范围内同时改变温度和压力，不会影响体系的单相特征。②曲线 OA、OB 和 OC 为单相变量体系，在曲线上的每一点，有两相平衡共存：OC 曲线是冰和水共存，称为水的凝固点曲线；OB 曲线是冰和汽共存，称为冰的升华曲线；OA 曲线是水和汽共存，称为水的蒸汽压曲线。A

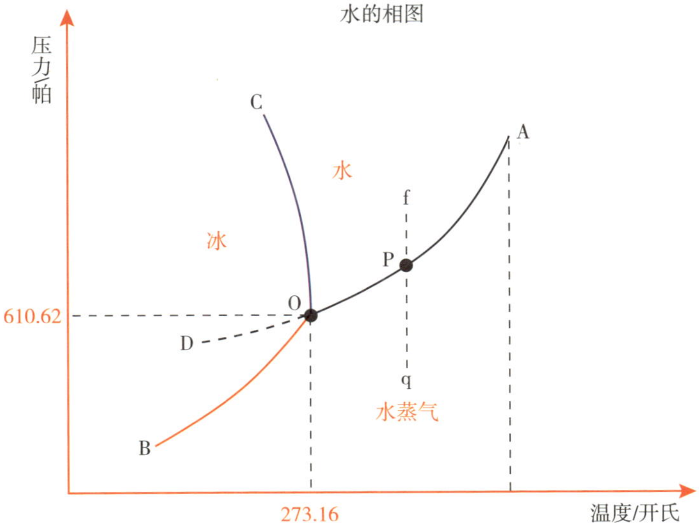

水的气、液、固三态转变的温度、压力条件

点为水的临界点（647.15K 相当于 374℃，218 个大气压），临界点以上液相不复存在。③ O 点为无变量体系，即是三条曲线（OA、OB 和 OC）的交点，在这一点上冰、液、汽三相平衡共存。O 点称为水的“三相点”。④ OD 是曲线 OA 的延长线。当水和水汽构成的平衡体系的温度沿 OA 曲线降低时，理论上在达到 O 点时应该有冰出现，但实际上如果缓慢地冷却时，即使温度越过 O 点沿曲线 OD 方向继续下降，而体系中也不一定有冰析出。这种现象称为“过冷现象”。因此，曲线 OD 称为“过冷曲线”。这时一旦有晶种、尘埃或扰动，过冷的水就会迅速凝结成雪花。所以，“大雪压青松”的“雪”，既有空中落下来的，也有树上自行凝结的。

大雪压青松（倪集众　摄）

雪花的各种形态（图片来源：网络）

水的“细胞”

水的“细胞”是由两个氢原子和一个氧原子组成的水分子。

水分子

地球上一切物质都是由分子构成的。分子是物质中能够独立存在并保持该物质一切化学特性的最小微粒。水也是由分子组成的。每个水分子的直径是 4×10^{-10} 米。它的质量是 2.99×10^{-29} 千克。它的体积是：$\pi/6(4\times10^{-10})=3\times10^{-29}$ 立方米。

一个水分子是由两个氢原子分别与氧原子键合。每个氢原子和氧原子间的化学键（共价键）通过分享一对电子形成。氢原子、氧原子对这一对电子的共享程度并不均衡，氧原子比氢原子更能吸引电子（这种特性称为负电性）。共价电子主要在负电的氧原子周围运动。因此，水分子氧的一侧带负电（－），氢的一侧带正电（＋）。所以水分子有正负极，是一种极性分子（或称为偶极子）。

当水分子相互接近时，正负极之间的引力使分子黏在一起。偶极子间相互吸引键合（称为范德华力）的键称为氢键，如下页图所示，氢键比水分子内氧原子与氢原子间的共价键弱。当呈液态的水在一个大气压条件下

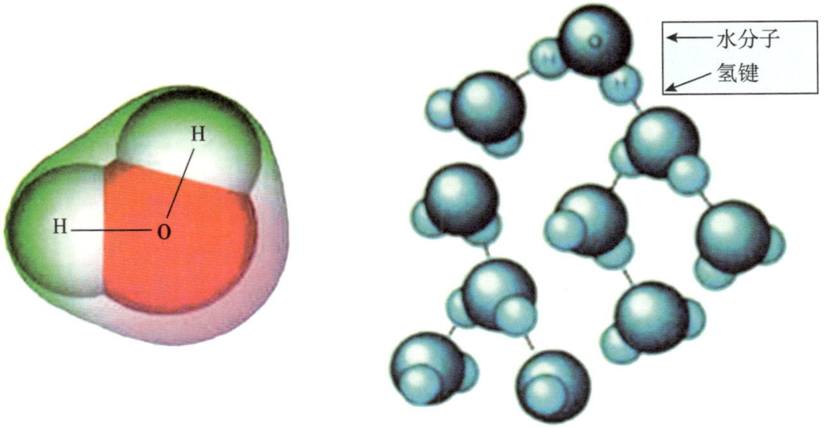

水分子结构示意图

被加热到 212℉（100℃）时，水分子之间的氢键被破坏，即单个水分子有了足够的能量摆脱氢键的束缚，水就沸腾。

水分子的结构特征决定了水具有特殊的化学和物理性质。

水的化学性质

水的化学性质就是水分子在化学反应中显示出的性质。

水是最常见的溶剂

一般而言，不活泼的金属元素和非极性分子物质不容易溶解于水中，也就是说在水中的溶解度很小。而分子量小、极性大且能与水分子产生氢键的分子物质，如食盐（NaCl）、氨（NH_3）、甲醇（CH_3OH）、蔗糖（$C_{12}H_{22}O_{11}$）皆易溶于水中。

水又是电解质的优良溶剂，因为水是极性分子，可与电解质的阴离子、阳离子水合，隔离阳离子与阴离子间的吸引力，而使电解质溶于水中。水的溶解和反应能力极强。许多物质不但在水中有很大的溶解度，而且有最大的电离度。

水分子和氢、氧的同位素

氢有三种同位素：氕（1H，读音 piē）：占天然氢的 99.9844％，是宇宙中最多的一种元素，在地球上的含量仅次于氧；氢主要分布在水及各种碳氢化合物中，在空气中的含量仅为 $5\times10^{-5}\%$。氘（2H 或 D，读音 dāo）：称为重氢，在水中含 0.0139% ~ 0.0157%。其化学性质与氢相同。氚（^{3}H 或 T，读音 chuān）：称为超重氢，具有放射性。氚在自然界量极微，含量为 $1\times10^{-15}\%$，从核反应可制得氚，主要用于热核反应。地球上氚含量极低，总量只有 7~14 克，它很容易与空气中的普通水进行水交换，形成氚化水（HTO）。氚化水具有放射性，广泛用于医学、生物学、物理学、化学、机械工程和示踪研究中。研究自然界特别是地质体中的氢、氧同位素的分布及其变化规律，对探讨地质作用的特点和矿床成因具有重要意义。

氧的同位素也有三种：氧（^{16}O）：占天然存在氧的 99.76%；氧（^{17}O）：占天然存在氧的 0.04%；氧（^{18}O）：占天然存在氧的 0.20%。这些氢和氧的同位素组成了水的大家族。大家族中各个成员的数量相差悬殊。比如，其中 $H_2{}^{16}O$ “一家”就是通常所说的水或氕水，占了全部天然水的 99.73%，而其余所有成员数量只占 0.27%。

相关链接

一个标准大气压即 101325 帕斯卡（Pa）。

化学键：指分子或原子团中原子间相互吸引而连接的一种形式。通常分为离子键、共价键、金属键。

化学反应：指一种或多种物质改变化学组成、性质和特征，成为与原来不相同的另一种或多种物质的变化。

溶解度：指在一定温度、压力下，物质在一定量溶剂中溶解的最高量。

电离：指中性分子或原子成为“离子”的过程。

电离度：指达到电离平衡时，溶液中已电离的电解质分子数与溶液中所含电解质分子总数的比值。

同位素：指质子数相同，而中子数不同的同一种原子。

水的大家族

^{16}O	$H_2{}^{16}O$	$HD^{16}O$	$D_2{}^{16}O$	$HT^{16}O$	$DT^{16}O$	$T_2{}^{16}O$
^{17}O	$H_2{}^{17}O$	$HD^{17}O$	$D_2{}^{17}O$	$HT^{17}O$	$DT^{17}O$	$T_2{}^{17}O$
^{18}O	$H_2{}^{18}O$	$HD^{18}O$	$D_2{}^{18}O$	$HT^{18}O$	$DT^{18}O$	$T_2{}^{18}O$

自然界水中含有极少量的重水（D_2O），它也可由氕水电解后的残液分馏而得。在电解水时，由于 $H_2{}^{16}O$ 较轻，比 D_2O 更易移动到电极分解，所以电解后留下的液体中 D_2O 的比率较电解前多，重水用于核子反应器，作为中子的减速器。

通常把新近参加大气循环的雨水、雪水、河水、湖水、地下水等总称为大气水。大气水的同位素组成变化幅度大，氢同位素 δD 值为 50‰ ~ 500‰，氧同位素 $\delta^{18}O$ 为 10‰ ~ 55‰，而且呈有规律的变化：从赤道到高纬度地区、从海洋到大陆内部、从低海拔到高海拔地区，重同位素的亏损依次递增，构成所谓的纬度效应、大陆效应和高度效应，以及季节效应、降水量效应等。这是由于水在蒸发、凝聚过程中的同位素分馏效应，蒸发时轻同位素优先汽化，凝聚时重同位素优先液化，随着蒸发、凝聚过程的不断进行，造成云层中轻同位素比海水中相对富集。

在水循环过程中氘容易逸散到外层空间，所以雨水中的氘要多一些，即重水的量比地面水要稍多些。重水对一些化学反应和生化过程有抑制作用，人类应尽可能远离重水。重水在低温下容易被破坏，因此高山积雪中含量很少。总的讲大气水比海水贫 D 和 ^{18}O。

研究自然界特别是地质体中的氢、氧同位素的分布及其变化规律，对探讨地质作用的特点和矿床成因具有重要意义（见水在成岩成矿过程中的作用）。

与水有关的最常见化学反应

水与全部的碱金属及碱土族的钙、锶、钡等元素均可反应产生氢氧化物及氢气；水和许多金属氧化物反应会生成碱。

水的硬度

水有硬度吗？那跳水运动员从十米高台跃入水中，怎么没有碰得头破血流？这里所说的水的“硬度”是指水中含有的钙、镁、锰离子的数量，又称为矿化度。水的硬度单位常用“毫克 / 升”（mg/L）计量。当水中含有的钙、镁、锰离子的数量超过 80 毫克 / 升（矿化度 > 8），就称为硬水。一般岩溶地区的河水、地下水多属硬水。

如果水的硬度是由碳酸氢钙或碳酸氢镁所致，这种硬度叫作暂时硬度。这种水经过煮沸以后，水里所含的碳酸氢钙与碳酸氢镁会形成不溶于水的碳酸钙与碳酸镁一起沉淀。这就是水壶内腔水垢（俗称“水锅巴”）的成分。如果在烧开水时在壶内放入一个干净口罩或丝瓜筋吸纳沉淀物，水壶内腔水垢就大为减少。这些沉淀物析出后，水的硬度就可以降低，使硬度较高的水得到软化。水的硬度是由钙和镁的硫酸盐或氯化物引起的，这种硬度就叫作永久硬度。永久硬度不能用加热的方法软化。天然水大多同时有暂时硬度和永久硬度，因此，一般所说水的硬度是指两种硬度的总和。

硬水有一些缺点。它会与肥皂反应生成不溶性的沉淀，降低洗涤效果；在锅炉内，钙盐镁盐的沉淀会形成锅垢，使热传导不均匀，严重时会导致锅炉爆炸；生活在软水地区的人偶尔饮硬水，会造成肠胃功能紊乱，即所谓的“水土不服”；硬水泡茶会影响茶的色、香、味；用硬水加工豆浆，会使豆腐产量降低，也会影响豆制品的营养价值。

软水是指只含有少量或微量钙离子和镁离子（矿化度 < 8）的水。

水的酸碱度（pH 值）

水的酸碱度，是指水中 H^+ 和 OH^- 的含量比例，用 pH 值表示，限定范围为 0 ～ 14。人体对酸碱度的反应非常敏感，血液的 pH 值为 7.35 ～ 7.45。

固体溶解物含量

水中不溶解的所有固体的含量，用 TDS 表示，以毫克 / 升计量。TDS 愈低，表示水愈纯净。

水的物理性质

水的物理性质是指水在保持化学成分不变的条件下，所表现出的种种独特的性质。如冰棒放在箱子里为什么需要捂“被子”？为什么一枚硬币可以浮在水面？为什么融雪时比下雪时冷？……都与水的物理性质有关系。

水的颜色

谁都知道，干净的水是无色、无味、无臭的液体。可是，白居易在描绘江南水乡美好春色时却说“日出江花红胜火，春来江水绿如蓝”，这是诗人的艺术夸张还是太过丰富的想象力？深深的海洋为什么又是蔚蓝色的呢？浪花和雪又显得洁白无比呢？

原来这是太阳光引起的，当太阳光照射在浅薄的水层时，光线几乎毫无阻挡地全部透过，因此，水看上去是无色透明的。而当太阳光照射在很深的水体时，情况发生了变化。不同波长的光的特征就表露出来，产生不同效果。波长长的光穿透力强，容易被水吸收；波长短的光穿透力弱，易发生散射和反射。红、橙和黄色一类波长较长的光，在水体的不同深度被相继吸收，并且光自身储蓄的能量将海水加热；蓝光、紫光波长较短，经散射和反射后映入我们的眼帘，因此，浩渺海水便显得蔚蓝一片。

浪花是由无数小水珠构成的，雪粒是许多小晶体的集合体，它们对各种波长的入射光能从多个角度反射和折射，所以我们所见到的浪花和飞雪都是白色的。

清澈的山区小河水，跌下河床梯坎时泛起白色水花（毛德明　摄）

如果水体中含有大量粗粒且带色的悬浮物，或有为数众多的浮游生物繁殖，那么水也会出现某种特殊的颜色。例如，红海中因为有大量含藻红素的蓝绿藻而呈红色（又称赤潮）；黄海是由于黄河带来大量泥沙而呈黄色；黑海的命名应该归因于其深水中所含的硫化氢；而白海则完全是由于周围环境的皑皑冰雪而得名。难怪古人云“近朱者赤，近墨者黑”。

密度

在一个大气压下，物质受热时都会使体积增大，而密度变小；冷却时则相反，即热胀冷缩。水也具有这种性质。但水有一个例外：在 0 ~ 4℃区间内，随温度升高水的体积并不是增加，而是缩小。也就是说，4℃时水的密度最大。如果把水的体积和温度间的关系画出来，它不是一条直线。

将冰缓缓加热到 0℃，这时冰（晶体）中的空隙由于水的侵入而被填充，使 0℃水的密度比冰的密度大一些。但此时水的分子空隙并未完全填满，因为还有少部分尚未完全融化的冰，此时它的密度是 0.99987 克 / 立方厘米。到 4℃时，水的空隙被填满了，此时的密度最大（为 1 克 / 立方厘米）。所以在估算水的重量时，说 1 立方米的水重量为 1 吨。而温度高于 4℃时水则发生热膨胀，分子运动逐渐活跃，密度逐渐变小。所以准确地说，在一个大气压下，4℃时水的密度是 1 克 / 立方厘米。

冰点和沸点

在一个标准大气压下，水的冰点为 0℃，沸点为 100℃。

水的沸点随压力的增加而升高，像青藏高原那样的高海拔地区，必须使用高压锅才能煮成香喷喷的米饭，原因也在于此。利用水的这一性质可以估算山地高程。另外，水沸腾时的温度也随其中溶解物质含量的增加而升高。有这样一个实验：在两只同样的水壶里分别放入同样数量的冷水和冷开水，置于同样火力的炉子上加热，结果是冷开水先沸腾。原因是冷开水曾经沸腾过，里面的一些溶解物质因沉淀而减少了。

压力与水的冰点间有着另一种奇异的关系：在 2200 个大气压以下，冰点随压力的增加而降低；越过 2200 个大气压以后，水的冰点随压力增加而升高。3530 个大气压下，水于 −17℃结冰；6380 个大气压下为 0℃结冰；16500 个大气压下为 60℃；而 20670 个大气压下，水在 76℃时才结冰（或冰在 76℃时才融化）。如果出现后两种情况，那么我们便可以得到“热冰”——滚烫的“冰激凌”了。但目前尚未发现在地球内部出现这样的温度与压力的组合。不过，在机械工程领域非常警惕出现这种情况，如果机械的润滑剂中混有水滴，由于负荷压缩，可能使水滴变成“热冰”而加速轴承的磨损。

汽化热

为了保证液体能在恒温下蒸发，必须向它提供足够的热量，以补偿由于高能分子的逃逸所造成的损失，这份热量称为汽化热。但是汽化热不是水的“专利”，任何液体蒸发时都需要吸收热量。水具有超乎寻常的汽化热，在日常生活和生产上得到了应用。譬如，必须持续产生蒸汽才能蒸熟馒头。

此外，汽化热在恒温下是一个常数。温度变了，汽化热将随之发生变化，这是它的突出之处。

液态水变成气态的水蒸气，水分子本身的大小保持不变，但是，分子间的距离增加了许多，体积发生了惊人的变化。一定体积的水变成水蒸气后，体积能增大 16000 多倍。可以想象，利用蒸汽做功时，发挥的力量该是多大啊！这就是蒸汽机将热能转化为机械能的原因。

熔化热（融解热）

水的熔化热，在 0℃和一个标准大气压下，大约为 333.69 焦耳 / 克。这是指水凝结成冰时放出的热量，或冰熔化成水时需要吸收的热量。所以在化雪时感觉比下雪时冷。

与一般物质相比，水的熔化热值较高（纯铁的熔化热为 25 焦耳 / 克，硫为 39.85 焦耳 / 克，铅是 23 焦耳 / 克）。还有一个特点：冰在一个大气压下的温度，可以为 −1 ~ 7℃，那么是不是冰的温度越低，熔化它需要的热就越多？这个似乎是理所当然。然而，事实并非如此，−70℃时，水的熔化热并不是 333.69 焦耳 / 克，而是 301.45 焦耳 / 克。这真是一个出乎意料的异常特性。冰的温度每降低 1℃，其熔化热大约减少 2 焦耳，因为冰的单位热容量比水小。

热容量

把 1 克物质的温度升高（或下降）1℃时所需要（或释放）的热量称作比热容，在数量上等于此物质的热容量。在 15℃时，水的热容量为 4.1868 焦耳 /（克 · ℃），也就是说，若要使 1 克水温度上升 1℃，需要 4.1868 焦耳的热量。

水的热容量比大多数物质的热容量都大（只有氧、铝等的热容量比水大）。土和沙的热容量是 0.84 焦耳 /（克 · ℃），铁和铜的热容量是 0.42 焦耳 /（克 · ℃）。水与土之间热容量的巨大的差异，反映在气候学上，就是沿海河网地区海洋性气候比内陆干旱地区大陆性气候升温慢，降温亦慢，变幅较小的现象。所以沿海地区气候的季节性分明，体验不到夜裹皮袄午穿纱的跨季穿戴。

在一般情况下，绝大多数物质的单位热容量都随温度的升高而增加。但液态水例外：在 0 ~ 35℃，水的单位热容量随温度升高而降低，在 35℃以上，水的热容量随温度的升高而增加。水的热容量与其密度一样，与温

相关知识

焦耳：米·千克·秒计量制中功和能量的单位。1 焦耳 =10^7 尔格 =1 瓦特·秒≈ 0.102 千克·米。

度的关系不是直线。例如，25℃和 50℃时水的单位热容量是一样的，都是 4.17843 焦耳 /（克·℃）。

表面张力和黏着力

水滴为什么又可称水珠？可以做个实验，把纯净的水慢慢斟入一个小杯子，水面能稍许高出杯口而不溢，这是什么原因？原来处于与空气接触界面的水分子与处于液相本体内的水分子所受力是不同的。在水体内部的水分子受到周围水分子作用力的合力为零，但在界面的水分子却并不如此。因空间气相分子对它的吸引力小于内部液相分子对它的吸引力，所以所受合力不等于零，这个合力方向垂直指向液体内部，结果导致液体表面具有自动缩小的趋势，这种收缩力称为表面张力。水的表面分子凝聚形成“张力膜”，若要破坏它，需要比同体积水重 4 倍多的力，所以保险刀片、针或硬币等能够平放在水面上而不下沉。18℃时水的表面张力是 72×10^{-5} 达因 / 平方厘米；这个数值比酒精、丙酮、汽油的表面张力都大，仅次于表面张力约 500×10^{-5} 达因 / 平方厘米的水银。水这一强大的表面张力控制了土壤和植物中的水分的存在，制约着地球表层的自然地理现象。

水还有一个奇怪的性质，就是在细玻璃管（毛细管）中可以观察到水的“黏着性”。毛细管中的水向上升，与地心引力（重力）方向相反。在与空气接触的边界层里，水分子的凝聚力，同水对管壁“黏着”力相配合，结果，毛细管中形成高于自然水面的凹形面。具有更大表面张力的汞没有黏着力，所以在毛细管中不是凹形面，而是凸形面（例外的是水对油质管壁不黏着，譬如在内壁涂以石蜡的毛细管中的水液面，如同汞一样呈凸形）。

毛细常数是指液体的上升高度与毛细管半径的乘积。纯水的毛细常数随温度的升高而呈线性减小，而在达到极限时等于零。15℃时水的极限毛

植物茎、叶上的水珠（毛德明　摄）

细上升高度，粗砂为 0.2 米，细砂为 1.2 米，纯黏土为 12 米。上升持续的时间：粗毛细管为 5 ~ 10 天，细毛管为 16 个月，这在土壤物理学上有着重大的实际意义。

动力黏滞性

流体内部存在一种阻碍相对流动的特性。在流动的流体内可划分出流速不同的平行于流动方向的层，在相邻层的界面上存在与流动方向相反的阻力，这种阻力称为黏滞力（内摩擦力）。

如果相距 1 厘米的两层速度相差为 1 厘米 / 秒，则作用在 1 平方厘米面积上黏滞力的数值定义为流体的黏滞系数（内摩擦系数），用以表示流体黏滞性大小。黏滞系数的单位为“泊”。流体的黏滞系数随温度而变化，当温度升高时流体的黏滞系数变小。水在 20℃时黏滞系数是 0.01 泊，30℃时为 0.008 泊，这个性质在通过孔隙介质（比如沙）的渗透过程中有很大意义。水的黏滞性高，表面张力大，合起来的作用使农田水分流失较慢，反之，则水分流失较快，农业生产要求深耕细作的意义即在于此。

水的介电常数

电容器的电容（C），由于电极板之间存在的物质种类不同而有很大的变化。这种变化的程度，可用下式定义的介电常数来表示，其数值为该物质及其状态所固有：$C=\varepsilon$；$C = C_0$。式中，ε、C_0 分别为在电极板间有物质存在时和真空时电容器的电容值，在空气中是 1.0006，在云母中为 604，在二硫化碳中约为 2.6，水的电容值特大，一定条件下为 80 左右。水的介电常数大是由于分子极性强所致，这个性质使水成为一种优良溶剂。水的介电性质被用于无损检测粮食的新鲜程度，因为介电常数随水分的减少而呈下降趋势，水分与介电常数之间呈直线相关性，只需对入仓的新鲜粮食测定介电常数，以后的定期检测就有了参照依据。

水分子在微波辐射下因振荡而发热

微波是一种电磁波，能使电荷分布不均匀的极性分子在电磁场的作用下产生振荡发热，具有偶极性的水分子恰好具备这种条件。

微波炉中产生高频电磁场的核心元件磁控管将电能转化为微波能，当磁控管以 2450 兆赫的频率发射出微波能时，置于微波炉炉腔内的水分子以每秒钟 24.5 亿千次的变化频率进行振荡，分子间相互碰撞、摩擦而产生热能，微波能穿透食物达 5 厘米深，微波炉正是利用这一加热原理来进行食物的烹饪。微波炉烹饪与传统炉灶烹饪食物不同：前者的热量是来自食物本身，而传统炉灶热量总是从食物外部逐渐进入食物内部的。所以微波炉烹饪速度比传统炉灶快 4 ~ 10 倍，热效率高达 80% 以上，而且微波炉烹饪的食物不会外表糊焦而内部尚未熟。

水的其他物理性质

水除了具有上述奇异的物理性质外，还有一些其他的物理特性，例如，水的导热性较其他液体小，在 20℃时水的热导率为 0.00599 焦耳 /（秒·厘米·℃），冰的热导率为 0.0226 焦耳 /（秒·厘米·℃），雪的热导率与雪的密度有关，当密度为 0.1 千克 / 升时，其热导率为 0.00029 焦耳 /（秒·厘米·℃）。水的压缩率很小，体积压缩系数为 4.74×10^{-10} 平方米 / 牛顿，一般认为不可压缩。光在水中的传播速度为空气中的 75%。水的折射率为 1.33，当水与空气形成接触界面的情况下，经过空气射来的光在界面可以产生全反射，所以水中倒映能为湖光山色添彩，女子能照着水面梳头。

纯水几乎是不导电的，天然水有微弱的导电性，含有离子杂质（盐类）的水则是良好的导体。水的电导率（CND）是指通过水的电流除以水两边的电压差，表示水溶液传导电流的能力，其大小间接反应了水中溶解性盐类的总量，也反映了水中矿物质的总量，所以测定水的电导率可以检出水的硬度。水的导电性能随着水中含盐量的增加而增大。用潮湿的木棒接触裸露的电线，怎么会触电？因为木棒上的水含有盐。

水从哪里来

地球表面有 70% 以上的面积被水覆盖着

（图片来源：CCTV-9）

地球上的水是哪里来的？近代科学认为地球上的水自宇宙来！这还得从地球的起源说起。

太阳在其环绕银河系中心的运动中，与大量的不发光的星际物质相遇。这些星际物质通过固态质点逐渐吸积，在太阳巨大引力的作用之下，星际物质以椭圆形的轨道在围绕太阳公转的过程中，互相碰撞而聚集，愈来愈大，最后形成太阳系包括地球在内的八大行星。星际物质在聚集过程中依然保持着初始的椭圆轨道。

由原始星云凝聚成的原始地球，宇宙水被封存在星云凝聚物中。原始地球密度太小，后来由于地球自转速度变快（35 亿年前，地球自转的速度约为现在的六倍），地球转动产生的离心分异，使轻物质沿半径慢慢向外运移，组成地球外层密度较低的圈层，而重物质慢慢向地心下沉，组成密度较大的圈层。活动性最强且又最轻的物质之一的水，持续地向地球外层运移。随着地球密度逐渐增大，使得放射性元素产生的热能在地球内部积聚起来，地球的温度逐渐升高，地内物质变成“潜柔”状态，处于地内深处的物质在高温下熔融形成富含水分的岩浆。实验证明，压力为 15 千帕、温度为 1000℃的岩浆，可以含有 30% 的水。火山口处的岩浆平均含水 6%，有的可达 12%。实验还证明，越往地球深处，岩浆含水量也越高。在 5 千米深处，岩浆中水的饱和度约为 6%；10 千米深处可达 10%。

岩浆中的水，随着岩浆凝固被排挤出来，地内发生脱气作用，氢和氧等气体来到地表，通过各种物理和化学的作用最后生成了水。从此，地球表面就有了水。

从现代火山活动观察到，火山喷发时，会释放出大量的水。几乎每次火山喷发都有约 75% 以上的水汽喷出。据计算，1938 年勘察加地区的克留契夫火山喷发时，喷出的水量竟相当于里海之水体积的三分之一。1906 年，意大利维苏威火山喷出的纯水蒸气柱高达 1300 米，持续喷发了 20 个小时。美国阿拉斯加州卡特迈火山区的万烟谷，有上万个天然水蒸气喷气孔，平均每秒钟就可喷出 97℃的水蒸气和热水约 23000 立方米。据此有人认为，在地球的整个历史中，火山喷出来的水也可占到现代全球大洋水的一半。如果从熔融岩浆凝结成地壳时损失水分以 5% 左右计，那么凝结出的水约为 142800 亿立方米，与地球表面水体的总水量（约 140000 亿立方米）大致相当。

太阳一直在向星际空间散逸着粒子流。这种粒子流就好像是从太阳吹出来的“风”一样，科学家称它为“太阳风”。以近地球空间为例：当太阳“宁静”的时候，风速可达每秒 300 多千米，每立方厘米内有 5 ～ 10 个太阳风的粒子；当太阳活动的时候，风速可达每秒 1000 多千米，粒子数可达几十个。太阳风的粒子由大量的氢核、碳核、氧核等原子核组成。它们来到原始地球无水的大气圈上层时，与大气圈中的电子结合为氢原子、碳原子和氧原子等，通过化学反应形成了水分子。

一些矿物脱水时会分解出一些水，或者释放出一氧化碳、二氧化碳等气体，它们在高温下与氢作用生成水。再如，碳氢化合物燃烧时也能生成水。这些水为气态，在大气圈凝结为云，飘浮在地球上空。以后地面温度逐渐降低，浓厚的水汽逐渐冷凝成水降落到地面。据估计，大约在 6 亿年前，地表温度降低到 30℃左右时，大约有 99％的水降落到地面。

天文学家举证：重约 1 万亿吨的海尔·波普彗星上有水，它所含的氢同位素氘的比例与海水中的比例相同，表明这两种水同源。彗星来历不明，已知的彗星都是围绕着太阳旋转，大多数彗星是由无数微细的粒子组成的。彗星形如扫帚（民间称“扫帚星”），密度很小的彗头中央的彗核，由水、二氧化碳和甲烷冻成的冰组成。彗星有可能是在宇宙中撞毁了的天体，流窜到太阳所能控制的范围，受到太阳或大行星的影响。彗星上不仅有水，还携带有丰富的有机物质构成的混合物。彗星降落到地球，不仅给地球送来了水，还可能带来了生命起源的“种子”。

太阳系内还有一些小的固体，当接近地球时，由于重力的吸引而奔向地球，在穿过地球大气层时，因摩擦发热而被烧毁，这就是我们常见的流星。也有一小部分落到了地球上，成为陨石（陨星）。最小的陨石直径小于 0.5 毫米，最大的陨石重量可达数吨至数百吨。如果有许多中小型的陨石，从太空闯入地球大气层，会像冰雹或雨点一样落到地面。我国历史上不止一次有“星云如雨”的记载。

地球科学家在研究陨石成分时发现，陨石中含有一定量的水，多数球粒陨石为 0.5% ~ 5%，有些可达 10% 以上。碳质球粒陨石中含水更多。如苏联老博里斯金陨石中因含有绿泥石，含水量达 8.72%。

人类的历史相对于地球是很短暂的，地球拥有的总水量基本上是一个定值，这些水在地球上不断地循环。

水的演化

有了水才有生命，生命的起源、进化以及与生态环境关系等，都与水的演化密切相关。

地球水的演化孕育了生命及其由低级到高级、由简单到复杂的进化。植物和动物在起源之初是难以区分的，之所以后来有差别，那是植物以无机质为营养，动物以有机质为营养。

在地球形成之初，碳元素以碳化物的形式存在，后来碳化物同水蒸气与氨作用，形成了碳、氢、氧、氮的化合物。这些化合物在地球的原始海洋中，逐渐形成了复杂的类似蛋白质的有机物质。以后在一定条件下，它们产生了新陈代谢的机能，形成了原始的生命体。起初它们是非细胞结构的活质，后来才逐渐具有细胞结构，由非生命自然界发展到生命自然界。

地质 – 地球化学家在对地球岩石圈、水圈、大气圈的研究中，运用将今论古思维和实验模拟的方法，获得了海水－大气化学平衡、海水化学性质、大气组成随地球演化而变化的认识：自46亿年前地球诞生以来，大气层和海水随地球去气作用的减弱而演变，地史早期的海水与大气，呈强酸性（$pH < 0.3$）和还原环境（缺氧），到现代演变为弱碱性和强氧化环境（$pH = 7.9 \sim 8.4$）。这个演化是强烈波动式的，大体上可以分为四个阶段。

第一阶段大约距今46亿～38亿年，这是地球形成的初始阶段，地球受到的辐射最强，温度最高，能量最大。地球去气作用强烈，内部正处于分层（地核、地幔、地壳），原始地壳薄而脆，几乎全由超镁铁和富镁铁硅酸盐熔浆凝结的岩石构成硅镁层。当时放射性同位素含量很高，并有大量陨石撞击地球。随着地球去气作用从内部喷出大量气体到地表，形成一个稠密的高温火山气圈。据科学家估算，当时的总大气压约10^7帕，其中蒸汽压高达$8.0 \times 10^6 \sim 9.0 \times 10^6$帕，二氧化碳其次，约为$1.5 \times 10^6$帕，当然还有其他一些组分的气体，如惰性气体等。大约距今40亿年，开始出现了原始水圈，水积存在一些低洼处，成为很浅的水盆。从而出现了水成岩石（沉积岩）。不过这时火山作用依然频繁而强烈，岩浆作用仍然占优势，沉积岩只占15%～30%。

第二阶段大约距今38亿～26亿年，因铁、含镁物质大部分下沉到地核，部分组成硅镁层，此阶段炽热的熔浆变成以铝硅酸盐为主要成分。波罗的海地盾奥长花岗岩（距今约35亿年）佐证了出现花岗岩圈（硅铝层）的时间。早先形成的沉积岩遭受变质作用和花岗岩化，而且规模大，延续时间长。地表温度逐渐下降，大气圈继续冷却，经过几亿年的冷凝、积蓄，地表的水逐渐丰富起来。一些易溶于水的气体（如HCl、Cl_2、HF、SO_2、H_2SO_4等强酸性气体）和部分还原性气体（H_2、CO、CH_4、NH_3、H_2S）进入海水，把海水变成具强酸性和还原性的水。原始海水显强酸性（$pH < 0.3$），氧化还原电位也很低，足以使大量铁、锰、铜与硫离子呈低价的形式广泛运移。去气作用排出的二氧化碳特多，聚集在大气圈中成为大气圈的主要成分。不过，弱酸性的CO_2并不溶于强酸性的海水中，不可能与海水中的钙质结合形成碳酸盐沉淀。

在南非发现了距今约32亿年的两个微体化石，一个呈球状，可能与现代蓝藻有密切关系，命名为“古球藻”；另一个呈杆状细菌，命名为“原始细菌”。据此，科学家认为，生物圈在距今 36 亿年前后已经出现。海水中的一些成矿元素得以分异、富集形成矿床。这一阶段的特点是海水演化为弱酸性和弱还原 - 弱氧化的。这一阶段可以说是强酸性还原性水圈和生物圈的形成阶段。这一阶段在地质历史中称为太古代。

第三阶段大约距今 26 亿 ~ 6.8 亿年，火山活动已经逐渐减弱，在亚洲、澳洲、北美、非洲都发现有冰川遗迹可以说明，火山喷发的间隙期（休眠期）愈来愈长，地表气温已经很低。当水蒸气不断中和大气中的酸性成分，酸雨对早期岩石的淋滤、风化作用，使岩石中的钾、钠、钙、镁、铁、锰、铜和磷等元素迁移到海水中，海水的酸度降低到一定值时就与大气中的二氧化碳含量达到平衡，也就是说海水的 pH 值逐渐升高，由酸性变为弱碱性。从此，海水中开始有大量碳酸盐的沉淀，乃至在以后的时间里形成了巨厚的碳酸盐岩层。在一些区域碳酸盐岩层竟厚达 5000 余米。还出现了许多菌藻类生物、少量腔肠动物和节肢动物。地质历史中称为元古代。

第四阶段是距今 6.8 亿年以来，地球内部散热速率已经大大降低，形成了氮 - 氧型大气圈。海水变成弱碱性 - 强氧化性。冷而坚硬的地壳愈来愈厚，地壳发生碎裂形成板块，出现许多很深很长（大）的断裂或裂谷，一些地区上升甚至强烈上升，一些地区则下降或强烈下降。上升的地区受到风化剥蚀，下降的地区接受风化产物的堆积。在发育深大断裂和裂谷的地方，特别是大洋中脊和活动板块边缘，有火山喷发，地球去气作用仍在进行，只不过已没有远古时期那样强烈。仍有二氧化碳在源源不断地逸出，海水与大气的平衡反应使海水的 pH 值和各种溶解组分趋向平衡。这时地壳深部的岩浆与气液一般难以到达地面而多在地壳内冷凝成酸性热液。这些酸性热液在运移过程中与途经的围岩发生反应，消耗了部分酸性组分，又有沿上覆岩石裂隙下渗的海水混入，当抵达新的地方其组分与原来已相去甚远，已经是弱酸性或近中性，甚至是偏碱性了。

海水与大气的平衡对于全球气候变化有着极其重要的意义。地球化学家对地层中沉积矿物组合的研究表明，大约在距今 5.7 亿年（相当于震旦纪末寒武纪初），地球表面二氧化碳已降到 10^4 ~ 10^5 帕以下，大气中二氧化碳浓度已很低很低，已演化为适合于生命诞生和活动的氮 - 氧型气圈。

研究还表明，海水的 pH 值（5.8 左右）一直比较稳定；也就是从这个时候起，地球上发生了生物物种"大爆发"，中国云南澄江化石群就是这个事件留下的证据；是海水与大气的演化成就了生命的诞生。

碳、氢、氧、氮、磷和硫是组成生命的基本元素，这些元素在太阳系各大行星表面都是以 H_2O、CO_2、CH_4、C_2N_2、NH_3、N_2、PH_3、H_3PO_4、H_2S 与 SO_2 形式存在。这些挥发分是行星物质熔融、分异的产物，尽管它们会不断地被消耗，但是通过去气作用得到的补充，使它们在地球表面大量存在。实验证明，这些挥发分的混合物在地表受到太阳紫外线的照射，或者被雷电或电火花加热，温度达到 60 ~ 160℃时，生成氨基酸、核酸碱基、核苷、核苷酸、糖、脂肪，以及 C_{12} 到 C_{20} 的大部分一元脂肪酸，包括构成生命高分子的乙酸、丙酸、丁酸、异丁酸、戊酸、异戊酸和己酸等"有机单体小分子"。它们比较耐热，热稳定性也好，在地史早期的水环境中并不稳定，而到了寒武纪初的水环境中则溶解。这是因为这种水溶液酸碱度环境正是氨基酸分子中的氨基缩合生成高分子——多肽与蛋白质所需要的；另外，磷酸是弱酸，在强酸性的海水中不可能形成

相关链接

交代作用：指岩石的物质成分在温度、压力和溶液发生变化时的一种置换作用。在交代作用过程中，原有矿物的破坏和新矿物的形成是同时发生的，整个过程是在有溶液参与的固体状态下进行的。

花岗岩化：指原来的变质岩不经过熔融阶段，在固体状态下，经交代作用直接变成了具有花岗岩结构和矿物成分的岩石。

地盾：指地壳上稳定的、自形成后不再遭受褶皱变形的、有大面积基底岩石出露的地区。

奥长花岗岩：花岗岩的主要矿物为石英、长石、云母，其中长石主要为奥长石（更长石）时，称为奥长花岗岩或更长花岗岩。

风化壳：指地壳基岩被风化的表层。地壳表层岩石在风化作用下遭受破坏，在原地形成松散堆积物。

脱氧核糖核酸（如 DNA 链）。当海水的 pH 值慢慢升到 5.8 以上时，钙离子才有可能与磷酸结合生成难溶于水的磷酸钙沉淀下来；也是在这样的环境下，海水中才能沉积黏土矿物形成泥质岩层。黏土矿物能吸附火山喷发到海水中的许多有毒有害元素（Hg^{+}、As^{3+}、UO^{2+}、Pb^{2+}、Zn^{2+}、Cu^{+}、Cu^{2+}、S^{2-} 等），使海水得到净化；干净无毒的海水是萌生生命的首要条件。

科学家发现，随着雨水 pH 值升高，到了距今约 3.7 亿年（相当于泥盆纪时），陆地上出现了风化壳，有了黏土矿物组成的土层，有了陆生植物生存的条件。于是靠植物为生的动物从海水中来到陆地，才有了两栖类，以后又演化出爬行类、鸟类、哺乳类等。显然，水的酸碱度演化主导着生物的演化。

地球表层的岩石圈、水圈、生物圈、大气圈，就是通常所说的自然界——一个整体地球家园。圈与圈之间相互渗透、相互影响又相对独立。每一“圈”中都有生命存在。所以水圈的演化必然牵动其他圈层的演化，其他圈层的演化也影响着水圈的演化。当然，归根结底是地球在演化，而地球的演化受宇宙演化的制约。

全球提倡“低碳经济”，也就是说希望人们在生活、生产过程中尽少排放二氧化碳。保护大气圈的清洁，也就是保护了人类生存环境。

太阳系中还有哪个星球上有水

太阳系里其他星球上也有水吗？关于这个问题，国外有一些不同观点的报道。

2010 年 4 月 14 日新加坡联合早报网报道，美国和德国科学家认为有证据显示，月球和火星上有水。美国和德国研究人员也曾表示，月球上的一些较小环形山上有可能找到至少两米厚的冰层；而火星上的冰甚至出现融化－再冻结现象。

美国休斯敦月球与地球学院报告说，印度“月船”探测器的资料分析，曾发现一些常年背向太阳的环形山上有厚冰层存在的证据，特别是一些又冷又黑的地方有可能存在两三米厚的冰层。德国的一项调查则发现，火星上一条两米宽的裂缝在过去两年多时间里，已经变成一条近 120 米长的“峡谷”了。科学家甚至认为，这种现象很可能是火星上有过少量冻冰融化的结果。

凭着对月球和火星的探测工作的顺利进展，科学家开展了对这两个星球的研究，并取得不少新的成果。

月球

“问讯吴刚何所有，吴刚捧出桂花酒。”月宫里有人，是真的吗？

月球是距地球最近的天体——地球唯一的天然卫星。月球自转周期恰好等于它绕地球公转的周期，正是由于这种奇异的“亲缘”关系，人们总是想知道月球上到底是个什么样子，其中自然也包括“月球上有没有水”的问题。

国外的研究表明，月球上的水中应有 20%~50% 是以冰的形式储存于月球两极撞击坑的永久阴影区。月球极地水冰的确切来源有待未来的深入探测。判断的一个重要标准就是 D/H 比值，彗星起源之水的一个重要特征是异常高的氘含量：D/H 比值为 3×10^{-4}。而太阳风注入月表的 D/H 比值约为 2×10^{-5}。由陨石撞击带入水的 D/H 约为（2 ~ 5）$\times10^{-4}$。

美国科学家在 1961 年就提出了月球上存在有水冰的设想。他们认为，月球极地一些撞击坑底部可能处于太阳照射不到的永久阴影区（月南极至少有 6000 多平方千米，月北极有 500 多平方千米属于永久阴影区），其表层和次表层温度常年维持在 −230~−220℃。原始月球脱气作用产生的水、彗星和小行星撞击月球携带到月表的水，在这样的低温下可能会以水冰的形式保存下来，逃逸进入宇宙的概率很小。他们推测月球两极撞击坑中可能有大量冰与尘的混合物——水冰（“脏冰”）。在这个设想提出后的三十余年间，无论是阿波罗登月计划，还是月球样品和月球陨石的研究，都没有找到月球上存在水的证据。1994 年年初，美国“克莱门汀号”探测器在运行到月球南极上空 200 千米处时，首次发现了月球两极有水冰存在的间接证据；不过，这一证据还是受到一些科学家的质疑。四年后，美国“月球勘探者号”探测器在月球极地轨道的30~50千米高度上探测到含量不到0.01%的水，也探知到月球两极地表下约半米深处可能含有丰富的水冰。人们估计月球似乎是一个巨大的海绵球，月球通过吸收到的带电粒子与月球表面灰尘中的氧原子的反应产生了水，面积约有1850平方千米，它们可能以月壤与水冰的层叠式储存下来，暗示这样的结果可能是不同时期彗星的撞击所形成。

1999年，美国“卡西尼号”飞船在前往土星考察途中，发现月球表面有水分子和羟基物质。

2005年美国“深度撞击号”探测器和2008年10月印度“月船一号”携带的月球撞击探测器，再次证明月球上有水。在月球北极的陨石坑底部发现至少有6亿吨水冰可为证据。科学家估算，月球表面水或羟基物质的含量在百万分之一以下；越靠近月球两极，水或羟基物质的含量越丰富。

2010年3月2日，美国宇航局宣布，月球北极发现有水冰形成的大量“水囊”。

在月球上寻找水源一直是科学家们的主要任务之一。不过科学家提醒说，月球有水并不意味着月球上就有湖泊、海洋或者水坑，月球上的水分子或羟基物质可能分散在几毫米厚的月球表层中，与岩石和灰尘结合在一起，具体情况还有待进一步分析研究水在月球的分布情况。如果证实月球上有足够的水，那将为人类开展太空探索提供宝贵资源。它们可以成为宇航员长期探月的饮用水，也可以通过分解制成火箭燃料。

真实能证明月球到底有没有水，还是得通过月球探测器甚或月球科学家亲自去一趟月球一探究竟。自苏联1957年10月4日第一次成功发射人造卫星和美国1969年7月16日第一次登月以来，包括欧盟的“斯玛特”、日本的“月女神”、我国的“嫦娥”、印度的“月船”等月球探测卫星，以及美国的“月球勘测轨道器”“月球坑观测与感知卫星”和“月球重力恢复和内部实验室”（简称“圣杯”）等工程，林林总总已经有了将近十来个正在或已经完成探测任务的探月飞行器了。

前几年网站上传达出月球上可能有来自彗星或小天体带入的水，但始终没有确实可靠的证明这些水贮存在哪里。

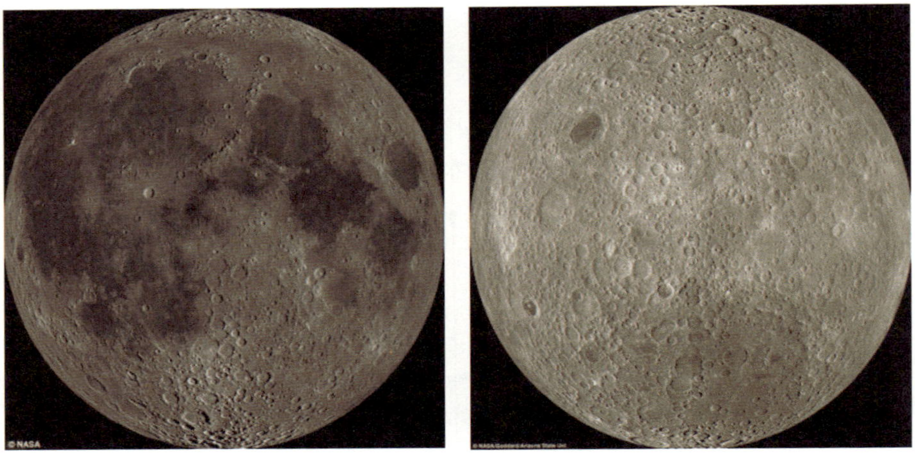

月球的正面（左）和背后（右）（图片来源：CCTV-9）

2016年7月31日，中华网传来一则令人振奋的报道：据我国国防科工局介绍，2013年12月成功着陆月球的“嫦娥三号”月球探测器经过两年半的工作，创下了在月球表面工作时间最长的世界纪录，而且获得的丰硕科研成果中，多项属于世界该研究领域中的首次发现，并得到国际同行的认可。关于月球上是否有水，中国科学院国家天文台魏建彦研究员的讲解可以兹证明：“我们测量了月球表层以上水的含量，得到了有史以来最低的一个测量值，这个测量值符合预期。”所有这一切，科学地明确了“月球表面没有水”的结论。

火星

火星是太阳系八大行星之一，也是人类最为关心的一位“近邻”。

美国于2003年6月10日、7月7日先后发射了“勇气号”火星车和“机遇号”火星车。2004年1月在火星启动（“勇气号”于2010年10月失效，“机遇号”于2018年失效）。

探测发现，火星的地貌类型齐全，既有广袤的平原，也有连绵起伏的丘陵和幽深的峡谷，还有圆润的环形山。这里伟岸耸立的盾形火山比地球上的夏威夷火山还要壮观，其中的奥林帕斯火山高25千米，底部宽600多千米，火山口直径达80千米，是太阳系里最大的火山。火山区最大的峡谷长可达4000多千米，深可达6千米（水手谷）。火星表面还有类似干涸的河床和流水侵蚀的痕迹，以及众多的圆形陨石坑。现在干燥寒冷的火星，历史上也许有过一番海涛拍岸、江水滔滔的景象，火星表面过去可能存在浩瀚的大海，这一番“沧海桑田”的变化原因何在？

火星

（图片来源：CCTV-9《太阳系的奇迹》）

火星有一稀薄的大气层，火星表面气压虽然仅有六七百帕（地球地面平均气压为 101.325 千帕），但也有云、风、沙尘暴等现象。星面的风速随季节而有所不同，据“海盗一号”和“海盗二号”观测，夏季的风速约每秒 2~7 米，冬季约每秒 5~10 米，沙尘暴时可达每秒 17~30 米。由于火星土壤中氧化铁含量较高，所以它的外观是个红色的星球。

火星的两极也是千里冰封的世界，不过表层的“冰”不是固态的水，而是二氧化碳冷凝成的干冰。而由水结成的冰“躲”在干冰之下 1~1000 米深处。火星赤道区温度最高时为 8℃，在极冠区最低温度为 −120℃。科学家解读了“奥德赛号”火星探测器以高分辨率和不同光谱段红外线拍摄的火星极冠照片，仔细研究了冰深度 8 米、直径 200~1000 米的平坦圆坑区后认为，极地发生的冰融化和冻结过程完全与水的特性相符。所以在很深的部位，可能会有“冰川”存在。

1877 年 8 月，阿萨夫·霍尔于美国海军天文台发现火星有两个卫星：福波斯（火卫一）和德莫斯（火卫二）。平均密度在 2.2 克 / 立方厘米，主要由富含碳的冰和岩石组成。

2009 年 7 月 31 日，美国航空航天局科学家说，有确实证据证明火星上有水存在。之前曾通过“奥德赛号”检测到火星上有冰的迹象，后来“凤凰号”也观测到逐渐消失的大块水冰，这很可能是火山喷发导致冰雪融化后留下的痕迹。还有冰雪融化形成的水流，携带着碎石、泥浆在陨石坑底部形成的堆积。

火星表面已干涸的河床

（来源：CCTV-9《太阳系的奇迹》）

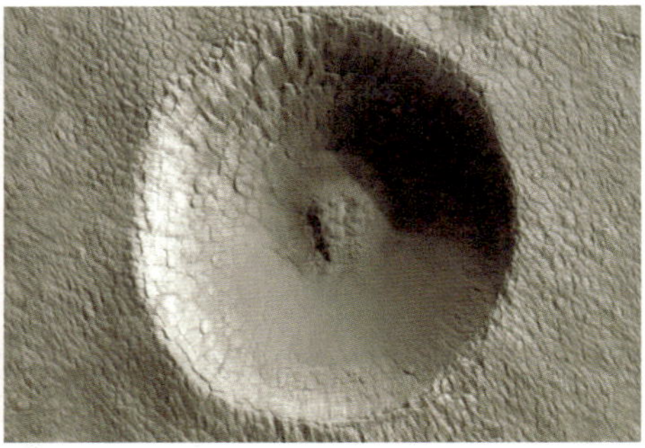

火星表面的陨石坑及坑内堆积物

火星上有水的迹象，使科学家大受鼓舞。也许在二十一世纪，火星将是人类迈出地球，踏上的第一颗地外行星。人们将要探明火星上究竟有多少水，火星的环境是否适宜生命生存……

水在自然界的循环

如果把水和阳光、空气的“量”作一番比较，会发现这个世界竟然是缺水的，当然这里指的是淡水。因为，尽管地球有70%的面积被水覆盖，全球表层藏水总量约有13.8亿立方千米，可是其中的淡水还不到3%。而所有的淡水有68.7%储存于两极冰川及其永久性冰盖中，人类利用这些淡水资源尚需时日。

地表的淡水

“君不见，黄河之水天上来，奔流到海不复回。”诗仙李白既赞美了滔滔黄河之壮美景色，说明了流向，又似乎在隐喻黄河水的来源。

地球表面和地壳浅部所有的水，组成了一个永不停息的动态系统。水通过蒸发（包括植物蒸腾）、水汽输送、降水、地表径流、下渗、地下径流等环节，在水圈、大气圈、岩石圈、生物圈中进行连续的运动，构成了全球范围的大循环。

发生水循环的内因是，水在通常环境条件下的气态、液态、固态易于相互转化的特性；外因是太阳辐射和地球引力。在内因和外因的作用下，各种水体相互连通并长期存在，为水循环提供了水的物理状态变化和运动的能量。海洋表面的水蒸发到大气中形成水汽（水汽的垂直输送），水汽随大气环流运动（水汽的水平输送）。一部分进入陆地上空，当暖而湿的空气与冷空气交汇，促使其被冷空气强迫抬升，或由暖湿空气沿锋面斜坡爬升。如果充足的水汽是以形成凝结核，水汽便冷却凝结，形成雨、雪等淡水降水；在寒冷地区形成冰川，在温热地区形成地表径流或积存成湖以及地下径流。冰、雪融化补给地表径流，地下径流也“反哺”补给地表径流，地表径流最终又回到海洋。所以，水的大循环也可

相关链接

蒸发不仅发生在水体表面，也发生在生物体和一切含水的物体表面。水分的蒸发——出汗也是人体新陈代谢的形式之一。生命体水分的蒸发过程与水体有相似性又有特殊性，不仅受外界环境条件的影响，而且还受生命体本身的调节和控制，是一种复杂的生理过程。

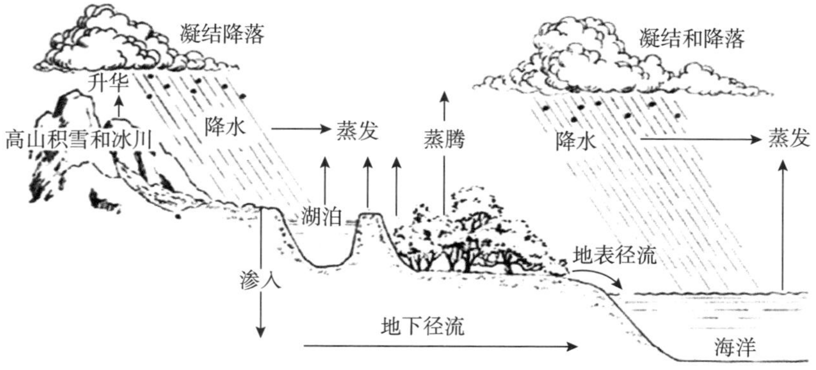

海洋与陆地水的大循环示意图

以认作是海洋和陆地之间的水交换。大循环系统是多环节的庞大动态系统，自然界中的水是通过多种途径实现循环和相变的。循环的垂直范围可由地表向上伸展至大气对流层顶以上，地表向下可及的深度平均约1000 米。

地球上不同地区接受太阳辐射强度不均匀，蒸发作用强度就有差异。不同地区水循环的状况大相径庭，遂形成了一些次一级的水循环。譬如在赤道地区太阳辐射强度大，蒸发量也大，降水量比中纬度和高纬度地区大得多。所以年均降水量差别显著，甚至达两个数量级以上。

干旱地区每年的降水量只有几十厘米。太平洋东岸南美洲的阿塔卡马沙漠，由于受沿岸秘鲁寒流的影响，气候极为干燥，成为全球的“干极”，即年降水量最少的地方。又如中国吐鲁番盆地的托克逊，年均降水量不足6 毫米，年降水天数不到 10 天，有些年份甚至滴水不见。在吐鲁番，常可见到用土砖砌成的、专门用来制作葡萄干的“晾房”，干燥的空气使挂在“晾房”内的葡萄能自然风干。

降水多的地区，每年可有几百甚至上千毫米的降水量。知道世界上哪里最潮湿吗？处于喜马拉雅山南麓迎风坡的印度东北部梅加拉亚邦的乞拉朋齐，1861 年因 20447 毫米的年降水量，而获得全球“雨极”的称号。在夏威夷群岛考爱岛威阿勒山的东北坡，1920—1972 年的平均年降水量达11458 毫米，整年中只有四五天没有下雨，那里堪称是世界的“湿极”。可以设想，去那儿旅游，雨衣可能是全天候的服饰。我国年降水量的最高纪录要数台湾的火烧寮，它的年均降水量达 6559 毫米，最多的一年竟达

8409毫米。

此外，由于小区域地形地貌的影响，还有一些“微型蒸发区”和“微型降雨区”。在高原山区，常能遇到“隔山两世界”的局面：隔一座山，甚至隔一条大山沟，这厢大雨滂沱，那边阳光灿烂。所谓“十里不同天”，就是这些小范围的水循环造成的。

据估计，全球总的循环水量不到全球总储水量的万分之四。在循环水中，约有22.4%成为陆地降水，其中约三分之二从陆地蒸发掉了。由于蒸发量低于降水量，所以出现了地面径流。

据国家气象局资料，我国上空云水资源可开发利用量平均约为2800亿立方米，相当于七个三峡水库满库（175米蓄水位）时的库容量。

自然界许多物质的交换和运动依靠水循环来实现。陆地上每年有数亿吨的可溶解物质被水带入海洋，为沉积岩和沉积矿床的形成提供了物质基础。

人类活动不断改变着自然环境，明显地影响水循环的过程。人类构筑水库，开凿运河、渠道、河网，以及大量开发利用地下水等，改变了水原来的径流路线，引起水的分布和水的运动状况的变化。湿地的开垦，森林的破坏，引起蒸发、径流、下渗等过程的变化。城市和工矿区的大气污染和热岛效应也可改变区域性的水循环状况。

人类生产和消费活动排出的污染物通过不同的途径进入水循环。矿物燃料燃烧产生的二氧化硫和碳氧化物排入大气层，进入水循环会形成酸雨，从而把大气污染转变为地面水和土壤的污染。大气中的颗粒物也会通过降水等返回地面。土壤和固体废物受降水的冲洗、淋溶作用，使有害物质通过径流、渗透等途径，加入水循环而迁移扩散。工业废水和生活污水使地表水和地下水受到污染，最终污染了海洋。

水在循环过程中，沿途挟带的各种有害物质，可由水的稀释扩散，降低浓度达到无害化水平，这是水的自净化作用；但也可能由于水的流动交换而迁移，造成更大范围的污染。

水的循环是大自然中最伟大的“工程”之一，最充分地显示着自然规律的无可替代性。水，始终按照形成之初的形式，毫不停息地运动着。它永远是老的、旧的，又总是新的、美的，而最重要的是水循环使人类获得淡水。

流淌的河流

河流要素
（图片来源：南京大学多媒体科教中心）

大气降水落到地面后，一部分蒸发变成水蒸气返回大气，一部分下渗到土壤及岩层裂隙成为地下水，其余的水沿着斜坡形成漫流，通过冲沟、溪涧形成溪流甚至洪流，漫流与洪流都是暂时性水流，当它继续向低洼的地方流去，并切穿地下含水层，获得地下水补给而成为常年不涸的流水，这就形成了河流。

河流的发源地称为河源，发源地的冰川、积雪的高山、泉水、湖泊、沼泽常常是河流的源头。

较大的河流可分为上游、中游、下游。河流上游的特点是河床纵剖面陡且呈阶梯状，横剖面呈“V”形，水流湍急，落差大，多急流和瀑布，河流下切力量强；中游河床纵剖面阶梯状特征消失，横剖面呈“U”形，没有急流、瀑布，河流下切力量衰退，转为侧向侵蚀；到了下游，河床纵剖面变得平缓，流速很小，河道弯曲，泥沙的沉积量大于冲刷量，河中常出现“心滩”。

大的河流常有大小不等的支流汇入，与主流构成一个体系——水系。一个水系所接受雨水的区域称为流域。两个水系或两个流域之间的分界，称为分水岭。

江河流入海洋或湖泊的地方称为河口。河流入海的河口会有壮观的涌潮现象。地球上有印度恒河、巴西亚马逊河和中国钱塘江三大著名的涌潮。

两千余年来，每到农历八月十六日至十八日，去钱塘江口观潮已成为中国的习俗。有诗云:“钱塘一望浪波连,顷刻狂澜横眼前;看似平常江水里,蕴藏能量可惊天。”

农历八月十六日气势磅礴的钱塘江涌潮(图片来源:CCTV-13)

钱塘江涌潮气势磅礴是因为在农历八月十五日至十八日这几天,太阳、月球、地球几乎在一条直线上,海水受到太阳、月球的引力和地球自转产生的离心力之和达到最大值。更重要的是钱塘江口的喇叭形状,杭州湾外口宽 100 千米,往西数十千米江面宽一下子缩小为数千米,而且河床又高于海滩,当大量潮水从河口涌进来时,潮水前波变陡,速度减缓,形成后浪赶前浪,一浪涌一浪。如果适逢东南风,风力助长了潮势,则潮涌更为壮观:水位被猛然“抬起”,顷刻间潮峰竖起一堵三四米高的直立“水墙”,江面上闪出一条白线,伴着隆隆的响声,喷珠溅玉,排山倒海势般地向岸边倒过来……

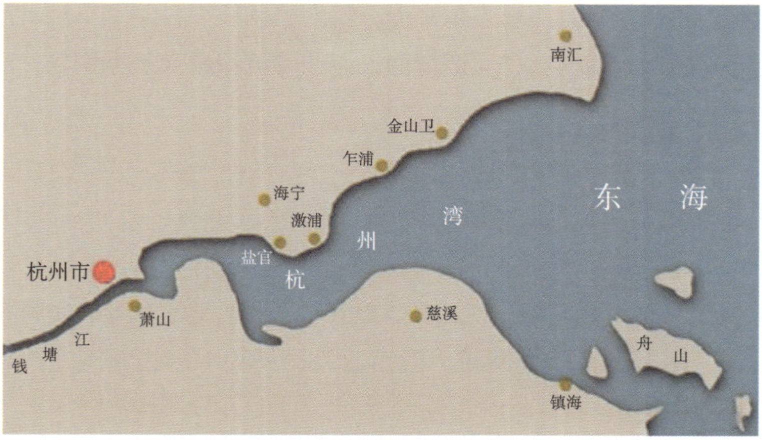

钱塘江河口状似喇叭形(图片来源:CCTV-13)

河流的侵蚀作用

流动的水蕴藏着巨大的动能，它是水体质量与流速平方乘积的一半，即 $Mv^2/2$。

河流上游因河床坡度陡，水流速度大，对河床有很强大的冲刷和磨削作用，尤其是夹带着泥沙、石砾的漩涡水流。与此同时，流动的水总是对河床进行着冲蚀、溶蚀和侵蚀，在机械能和化学能联合作用下，水能在河床上掘出很多大型的洼坑。这种河流的向下侵蚀作用造成了幽深的峡谷和瀑布。如气势宏伟的庐山瀑布，曾让诗仙李白感叹“飞流直下三千尺，疑是银河落九天”；还有“白水如棉，不用弓弹花自散；红霞似锦，何须梭织天生成”的黄果树瀑布，都是大自然的巨幅美景。

河流的下蚀作用总是从下游向上游逐渐递进的，地质学上称为向源侵蚀。因此，峡谷中的急流、瀑布，好似谢幕的演员躬着身向观众慢慢后退那样，会不断向河源方向退缩。黄河壶口瀑布就是以其形状而得名：两岸

贵州北盘江峡谷（倪集众　摄）

贵州黄果树瀑布（毛德明　摄）

苍山列队围拢，250多米宽的黄水洪涛，陡然注入直径50米的圆形天然石壶，直泻跌落17米深渊，构成一幅“源出昆仑衍大流，玉关九转一壶收”的奇景。地质学家指出，壶口瀑布的形成与龙门山断裂有关；当初瀑布应位于现今的龙门，据计算瀑布平均每年向上游后退约5厘米，才能在那里开凿出一个新的“水壶”状瀑布。

河流向下侵蚀作用不是无止境的，当达到一定的海拔高程，下蚀作用就会“自动”停歇，这个海拔高程的水平面称为侵蚀基准面，也就是河流所注入的湖或海的水面。不过，侵蚀基准面的高程随地壳升降而有所变动。

河曲与凸岸堆积（麻少玉　摄）

河流的中游，随着流速变缓，下蚀作用会趋向减弱，而流水对河岸的侧向侵蚀和河床的扩展渐渐明显。原始河道本来不是笔直的，在河道弯曲处，河水在惯性力和离心力作用下形成横向环流，表层水总是冲刷凹岸，造成凹岸变陡后退；而底层水携带从凹岸获得的碎屑在凸岸发生堆积，形成边滩。这样，河床不断侧向位移并变宽，凹岸侧水变深，凸岸侧水变浅。所以，通航的江河，码头一般建在凹岸，因为这里水深，船舶不易搁浅。

河流的下游河床平缓，河水流速缓慢，下蚀作用消亡，侧向侵蚀作用还在继续。在河湾的下游会形成又一个河弯，所以江河下游常常呈现蛇形曲流。而原先的河湾曲率半径在逐渐变小呈马蹄形，形成了牛轭湖。

河流中发生着向下侵蚀和侧向侵蚀作用，同时把侵蚀所产生的岩屑、泥沙及溶解物质以滚动、悬浮、溶解的方式向下游运移，尤其是在洪水期，河流有非凡的运输能力。被搬运的物质在运移过程中，或与河岸，或相互之间摩擦、碰撞，由大变小、变细；并进一步被溶蚀，被溶解物质随水运移（如钾、钠、钙、镁等盐类），有的呈胶体（如硅、铁、锰、磷等）。

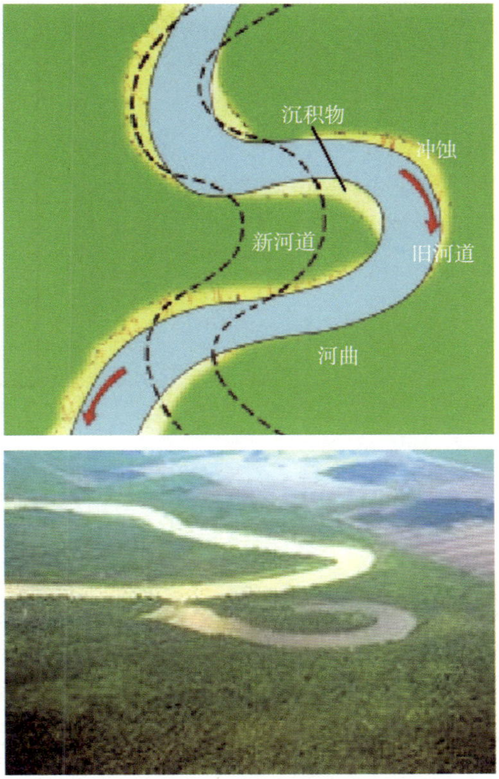

牛轭湖及其形成图解
（图片来源：《地质学基础》）

河流搬运能力受水的流量、流速制约，在中下游河段，当侧向侵蚀使河道变宽，流速降低，水力疲惫了，河流携带的大部分不溶物质就会由粗到细，或按比重由大至小依次沉积下来，这个过程称为机械分异作用。河流的机械分异作用不仅形成了一系列的河谷地貌，还形成具有经济价值的砂矿（金、金刚石等）。部分悬浮物和溶解物质在河流中被长距离运输，直到河口乃至注入大海。

除了峡谷、瀑布、河曲、牛轭湖，还有冲积扇、河漫滩和阶地等河谷地貌，记录了河流进行下蚀和侧蚀的证据。

冲积扇（又称冲积锥）是在山麓支流的河口（支流汇入主流处），湍急的水流瞬间失去它原有的速度，它所携带的岩屑泥砂，粗细混杂在河口形成的扇形堆积体。河漫滩是在洪水泛滥期间能被河水淹没的、形态平缓的岩屑泥砂堆积体。它的宽度取决于河流的大小，一般只有几米至几十米。在特大河的中下游，由于河流的长期摆动，河漫滩宽度可达几十千米，这样就形成了冲积平原。阶地是河流长期的下蚀和侧蚀，一段时间后在河谷的更深处形成了新的河漫滩，而原来的河漫滩在洪水泛滥期不再被水淹溺而成为阶地。

青藏高原冲积扇

（图片来源：163.com）

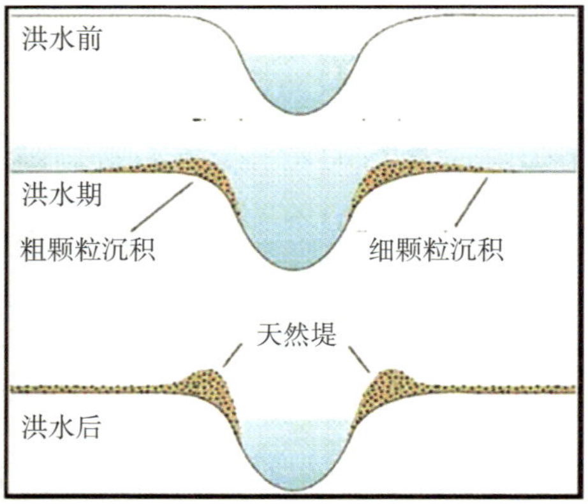

由河漫滩到阶地的形成

（图片来源:《自然地理》）

中国的大河

地球上有许多大河，流域面积大于百万平方千米的河流有 16 条，径流长度在 4000 千米以上的有 15 条。中国境内的长江、黄河、黑龙江与澜沧江赫然名列其中。长江、黄河也是亚洲最大的河流。我们为两河流域古老的文明自豪。但是，若以流域面积和陆地面积之比作为参数，人口众多的泱泱中国与陆地面积相近的欧洲或美国比较，其实水资源并不富裕。

世界主要河流（以长度为序）

河　　名	河长（千米）	流域面积（$\times 10^4$ 平方千米）	河口年均流量（$\times 10^2$ 立方米 / 秒）
尼罗河	6670	287	30
亚马孙河	6400	705	1800
长江	6300	180.85	309
密西西比河	6020	322.1	180
黄河	5464	75.24	18.8
额尔齐斯河—鄂毕河	5410	229	123

续表

河　名	河长（千米）	流域面积（$\times 10^4$ 平方千米）	河口年均流量（$\times 10^2$ 立方米 / 秒）
叶尼塞河	5075	258	198
刚果河（扎伊尔河）	4700	345.7	410
澜沧江—湄公河	4500	79.5	159
黑龙江	4410	185.5	108

长江

长江因“长”得名，名副其实：它从河源到河口长达 6300 千米，位居全球第三。

长江的源头在哪里？1978 年长江流域规划办公室确认，长江发源于唐古拉山主峰——各拉丹东雪山西南侧的沱沱河北支上端。这里，海拔高程 6000 多米，冰川融化的水清澈冰冷，顺着山涧向下流淌，从容地从这里迈向大海。

根据 1978 年两次考察，按河床特征，划定长江由河源到宜昌为长江的上游河段，从宜昌到湖口为长江的中游河段，从湖口到崇明岛为长江的下游河段，入海口在崇明岛东端。

孕育于青藏高原的长江最初是平静和悄然无声的。从沱沱河往下至玉树一段称通天河。它向东南缓缓地流淌于海拔 4000 米左右的高原上，流域多沼泽和草滩，是良好的天然牧场。在四川宜宾以西区域，长江上游河床正处在地形的两级阶梯之间，河流两岸耸立着终年白雪皑皑、冰川晶莹的高山。巉崖绝壁夹峙，河道幽深而狭窄，“仰望山接天，俯瞰江似线”。当冲破横断山脉阻挡，从深谷中坠落 2000 余米的金沙江、雅

长江源头：静静的沱沱河（樊祺诚　摄）

砻江和大渡河，咆哮奔腾地相汇后，长江便汹涌澎湃，浪涛滚滚。宜宾以后，长江进入四川盆地，接纳了源于盆地北边大巴山的青衣江、沱江、涪江、嘉陵江和渠江，江之南岸大娄山下来的乌江等众多的支流，水量较之上游河段增加了两倍多。充裕的水滋润出“天府之国”，也孕育了这里的三星堆文化。

闻名的三大峡谷之一“巴蜀咽喉”——瞿塘峡
（图片来源：CCTV-1《话说长江》）

壮大了的长江一路向东到达川东的白帝城，第二次坠入河床的两级阶梯之间，长江的底蚀作用似刀劈斧砍，直至湖北宜昌的南津关，全程200余千米，凿出了锁镇全川之水的巴蜀咽喉——瞿塘峡，成就了“西控巴渝收万壑，东联荆楚压群山”；在接纳了发源于陕西平利县中南山的大宁河后其势更壮，左冲右突撕开巫峡；又翻滚喧腾荡耀西陵峡，“两岸如剑立，一江似布悬”。三峡险峻雄伟，是地球上举世闻名的三大峡谷之一。

巫峡风光
（图片来源：CCTV-1《话说长江》）

西陵峡之险

长江冲出南津关流入广袤的江汉平原，湍急的流速顿时缓慢下来，从宜昌到武汉的直线距离仅280多千米，可是江水顺着河道却走了700多千米。江水的流速和河道的形态说明，下蚀作用被侧蚀作用替代，这是长江的中游河段。长江上游、中游的水性和河道特征，启发了人类进一步利用水资源的思考。在宜昌上游建成葛洲坝水利工程之后，更大的三峡水利工程在葛洲坝上游中堡岛实施。

1997 年，长江三峡工程实行大江截流，大坝上游蓄水位达到 82 米多；2000 年，三峡电厂首批机组试发电，大坝上游蓄水位涨至 135 米；2009 年，三峡工程竣工，蓄水位高达 155 米，长江平静地经过三峡水库而不再奔腾。2010 年 10 月，三峡水库蓄水位达到 175 米，库容量可达 393 亿立方米。三峡工程设计预期目标实现。长江三峡工程是当代科学技术的伟大成就之一，其规模是中国水利史之最。

三峡大坝（来源：CCTV-1）

长江从三峡水库出来，两岸有星罗棋布的湖泊，其中洞庭湖、鄱阳湖为首要。又有松滋河、湘江、沮漳河、汉江等较大的支流汇入，发源于陕西省秦岭的汉江是长江最大的支流。据资料，这些河流常年补给长江的水量达 4000 多亿立方米。等到赣江流经鄱阳湖从湖口补给后，长江进入下游河段。此时，江面开阔，流速缓慢，不堪重负的长江，沿途不断沉积携带的泥沙，在河道的转弯段或河道变宽段形成大小不等的沙洲（心滩）。最后，在入海之前，河道摆动，形成了土质肥沃富饶甲天下的长江三角洲，在入海口，堆积出名列世界第一的河口沙洲（面积约1200平方千米）——崇明岛。

崇明岛的形成，不仅仅是冲积物的机械堆积，还有长江所携带的部分胶体溶液和溶解物质，当江水和海水相遇时，发生电解质中和作用及某些化学反应引起化学沉积。据记载，崇明岛的形成历史并不久远，露出水面只有一千多年。长江长流不息，崇明岛在继续长大。

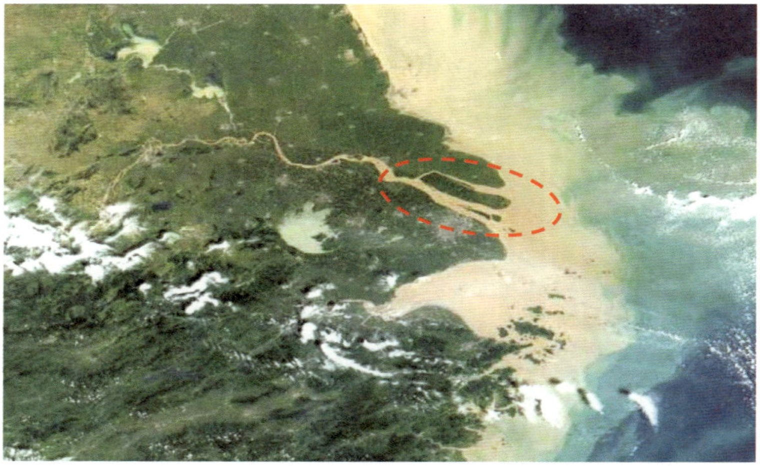

长江口的崇明岛（图片来源：CCTV-1）

长江流经的青海、西藏、云南、四川、重庆、湖北、湖南、江西、安徽、江苏和上海九省二市，国民生产总值约占全国的 40％，历史文化名城和重点文物保护单位占全国的 30％以上；流域还包括甘肃、陕西、河南、贵州、广西、广东、浙江和福建等省区。长江孕育了整个流域灿烂的文化。

二十世纪五十年代以来，先后发现了四川月亮湾三星堆新石器遗址，广汉三星堆殷商遗址以及我国最早、规模最大的青铜雕像群，在重庆巫山和云南元谋发现我国最早的古人类化石，湖北京山屈家岭石器时代早期的斧、锛、凿和穿孔石耜等，湖南醴陵和浙江余姚发现世界上最早的人工栽培稻，湖北、江西和安徽三省发现了近百处商周时期的矿冶遗址，及湖北、湖南、河北和安徽四省楚墓出土的大批青铜器、漆器、丝织品等，在学术界引起巨大震撼。这样，沿江而下有三星堆文化、大溪文化、屈家岭文化、仙人洞文化、北阴阳营文化、马家浜文化、河姆渡文化、良渚文化等一系列灿烂的古代文明，佐证了距今六七千年前已有先民在长江流域生活和生产。长江中下游还是人类栽培水稻的起源地之一。

文化地理学意义上的长江流域文化，可以归纳为巴蜀文化、两湖文化、江西文化、吴越文化和江淮文化。历史学意义的长江文化是以巴蜀文化、楚湘文化和吴越文化为主体，包含滇文化、黔文化、赣文化、闽文化、淮南文化、海派文化、闽台文化、岭南文化以及巫觋文化、傩文化、道教文化、南方佛教文化和江南土族文化等亚文化层次构成的庞大文化体系，这些文化在历史的发展中聚合成一个共同的长江文化体系。

巴蜀文化源远流长，已有5000余年发展历程，巴蜀大地是中华文明的发祥地之一，在中国上古三大文化体系中占有重要地位，与齐鲁文化、三晋文化等地域文化共同构成辉煌灿烂的中华文明。考古证实，巴蜀地区早在旧石器时代晚期已有人类活动。殷商时期的巴蜀文化已与中原地区不相上下了。到春秋战国时期，巴蜀地区的青铜冶炼、蚕丝纺织、造船及漆器等手工业与同时期的中原地区可谓并驾齐驱。三星堆内涵丰富的古城、古国、古蜀文化遗址，昭示了长江流域与黄河流域一样，同属中华文明的母体，被誉为“长江文明之源”。

三星堆遗址

三星堆出土的凤鸟

（图片来源：CCTV-1）

楚湘文化地处长江中游，以洞庭湖和湘江为中心，历史上先后称为荆楚文化、湖湘文化，可以推溯到旧石器时代。彭头山文化、城背溪文化、大溪文化和较晚的屈家岭文化以及更晚的季家湖文化和石家河文化，“郧县人”及“长阳人”等的发现，表明早在几万年前这里就是远古人类的重要活动地区之一。

江西文化以赣江和鄱阳湖区域为代表。在乐平县涌山岩（洞）和安义县城郊发现旧石器晚期的打制石器；在上饶万年仙人洞发现以渔猎和采集经济为特征的新石器时代早期遗址，距今约有 8000 年至 1 万年的历史。江西省新干县大洋洲镇商代古墓遗址、樟树市吴城商代遗址和瑞昌铜岭商周矿冶遗址等说明，远在 3000 多年以前的商周时期，赣江—鄱阳湖流域已有高度发达的青铜文明，有着与中原殷王朝并存发展的另一个奴隶主政权。

吴越文化的渊源可以推溯到旧石器文化时期。吴县三山岛旧石器时代文化遗址，是长江下游首次发现的旧石器时代遗址。到新石器时代早期，吴越文化区内相继产生了河姆渡、马家浜和南京北阴阳营三支自成系统的原始文化，其丰富多彩的文化内涵表明长江下游的吴越地区也是中华古代文明的主要发源地之一。新石器时代晚期的良渚文化时期，吴越文化已发展到相当高的水平，并在宗教、礼制和工艺等方面，对中原地区的商周文化产生了深刻的影响。

河姆渡文化标志——双鸟朝阳（图片来源：CCTV-1）

已经发掘出来的古文化遗址，揭示了长江文化有自身的特点和个性，它的文化标识在三星堆里得到了充分体现。三星堆的上千件青铜器营造了一种鸟的文化氛围：一株高达十几米的青铜器神树，每一层的分叉枝头都站立着一只青铜神鸟，在众鸟下方的树根部，攀缘着一条尾朝上头朝下的神龙。在河姆渡遗址中，也发掘出了大量鸟图腾崇拜的器物，仅鸟形牙雕、鸟纹碟形器、鸟形匕首、双鸟纹骨匕等就有六件，而且，吴越文化中还有一种独特的“鸟书”文字，在每一个篆字旁边都有鸟形文饰。《庄子》中有一则故事：“北冥有鱼，其名为鲲。鲲之大，不知其几千里也。化而为鸟，其名为鹏。鹏之背，不知其几千里也。怒而飞，其翼若垂天之云。是鸟也，海运则将徙于南冥。南冥者，天池也。”明代学者对《庄子》注释，认为鹏就是凤凰，因为三星堆出土的青铜神鸟，眼睛是长的，也就是人们习称的“丹凤眼”。整整晚了三千多年的战国时期，在经典著作中才有了对“鸟”的夸张描述。文化学者认为，长江文化是“凤”文化，大鹏展翅，气势恢宏，表现的是一种文化上的自由、开阔、前进的观念。老子主张“人法地，地法天，天法道，道法自然”，自然是更高于道的。老子为后人留下了一部五千余言的《道德经》，他的思想，使长江流域成为道教的主要发源地。老子与庄子都是长江文化的代表人物，将其顺应自然、开拓进取的理念，注入长江文化的内涵，使长江文化成为华夏文化中又一个性鲜明的文化体系。

黄河

黄河是孕育炎黄子孙的母亲河，黄河流域是灿烂华夏古文明的发祥地！

黄河源

（图片来源：中科院地质与地球物理研究所）

黄河发源于青海省约古宗列盆地，还在亚拉达泽峰东南坡脚的星宿海以西。黄河经星宿海向东抵达县城玛多后，绕过积石山向东南而去，这一段的河水是清清冽冽的。然后，流经若尔盖草原北部因岷山的阻挡而折向西北，在抵达甘肃省玛曲城之前接纳了白河和黑河的汇入，水量得到补充。之后，黄河进入崎岖险峻的峡谷河段，经龙羊峡、松巴峡、积石峡、刘家峡、红山峡和黑山峡，水头跟着河床步步跌落，在峡谷中呼啸奔腾，直冲宁夏青铜峡。继之，沿贺兰山继续向北，在较平缓的河道流淌至内蒙古临河，受阴山阻挡又折向东直抵托克托县。从河源到内蒙古自治区托克托县的河口镇是黄河的上游。这段河长 3472 千米，落差 3800 多米。

从内蒙古自治区托克托县的河口镇，一路向南到河南郑州桃花峪，为黄河中游河段。河长 1200 多千米。河口镇至龙门，行程 725 千米，河床

黄河壶口瀑布（图片来源:《中国名水》）

落差600米，平均每100千米的流程落差近100米。黄河巨大的落差又挟裹着支流从黄土高原带来的数十亿吨泥沙，若咆哮的黄龙，似下山的猛虎向南奔腾。跌下壶口断崖后狂奔60千米出龙门又遇汾河汇入，龙门之南就是开阔的关中平原了，流速变缓的黄河沉积下大量泥沙，在河道中形成串珠似的大小沙洲，直至撞上华山，折向东去。

中段黄河浪淘沙
（图片来源：中科院地质和地球物理所）

流经华山脚的风陵渡镇又有泾河、渭河汇入，一路向东进入豫西峡谷之著名的三门峡。被两岸山体挤成窄窄一股的黄河水分成三股，争先恐后地闯入“人门”“神门”“鬼门”。过三门又撞上高出河面二十多米的石峰——“中流砥柱”，形成湍急的漩涡，急流顺峡谷直奔小浪底。黄河经过小浪底，容纳洛河后已进入华北平原，河床变平缓，河谷变开阔，流速缓慢了。

黄河干流接收了暴雨冲刷而来的泥沙以及支流输送的泥沙，其中游是泥沙主要来源区。因其含泥沙量大水色浑黄而得名。西汉时《汉书》记载“河水重浊，号为一石水而六斗泥”；1919—1960年近半个世纪，黄河输沙量都达到每年16亿吨。

从河南省桃花峪起到山东省垦利县河口为下游河段，注入渤海。河长786千米。

黄河在华北平原上流淌，不过这时的黄河水已经是泥浆水，水势已经平缓，泥沙不断沉积使河床持续升高，人们为御水患不得不修筑堤岸作为屏障，日积月累，河床高出堤外地面10 ~ 25米，成为“悬河”。北岸自孟县以下，南岸自郑州以下的隔河两岸大堤相距约 10 千米，河南长垣大车集竟变大 20 千米。这段流程的黄河水流忽左忽右放荡不羁，流向漂浮不定，滩岸变化无常，是黄河决溢最多的河段。在现今黄河河口的南、北各有一个黄河老河口，其直线距离约 80 千米。

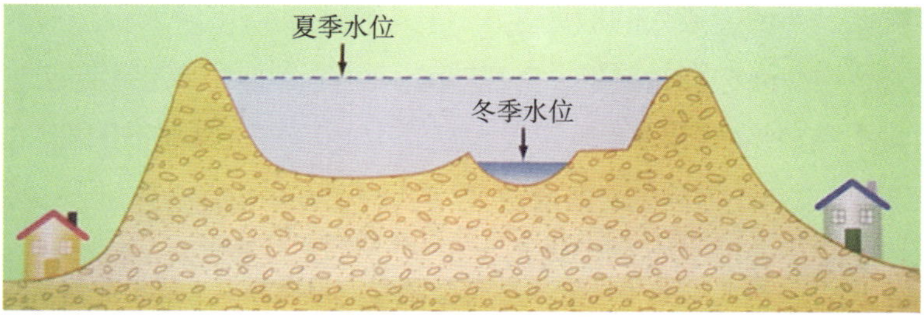

悬河示意图

黄河流经的地质地理环境，决定了黄河的湾多，真如那首高亢的信天游民歌唱的:“你晓得？天下黄河几十几道湾？天下黄河九十九道湾……”黄河自河源到河口，干流的主要大湾就有 6 个（三个 180° 的大湾，两个 90° 的大湾及一个 45° 的大湾），小湾更多，大多在黄土高原。黄河从河源到河口直线距离 2000 多千米，可是一路上的“湾路”实在太多了，实际流程竟达 5600 多千米，是直线距离的两倍多。

黄河下游河道变迁图
（图片来源:《黄河》）

天下黄河十八湾（麻少玉　摄）

黄河流经青海、甘肃、宁夏、内蒙古、山西、陕西、河南、山东八省（区），整个流域正是华夏文明的发祥地。一两百万年前，这里就有了人类的踪迹。旧石器和新石器时代的遗址遍及大河上下。在一个相当长的历史时期内，黄河流域是我国政治、经济和文化的中心，因而也有了“中华民族摇篮”的称谓。据研究，150 万年前，现今山西省黄河边的运城县境内西侯度村就是西侯度猿人的栖息地；100 万年前的蓝田猿人和 30 万年前的大荔猿人就在黄河边捕鱼狩猎；7 万年前山西襄汾丁村有就早期智人；3 万年前内蒙古乌审旗大沟湾晚期智人。距今 10000~7000 年前的细石器文化遗址、7000~3700 年前的新石器文化遗址、3700~2700 年前的青铜器文化遗址，以及公元前 770 年的铁器文化遗址连续不断地遍布整个黄河流域。从中石器时代起，黄河流域已是我国远古文化的领先地域：仰韶文化、马家窑文化、大汶口文化和龙山文化等大量古文化遗址，由远至近系统地展现了中国远古文明的发展历程。

仰韶文化是黄河中游地区重要的新石器时代文化。最早发现于河南省三门峡市渑池县城北 9 千米处的仰韶村。它的持续时间大约在距今 7000 ~ 5000 年前。至今已发现上千处仰韶文化遗址，以流经陕西省的黄河中游为中心，西及甘肃，东、南到江汉平原，北达内蒙古草原。出土文物具有类同的文化特征：以农耕、狩猎、捕鱼和采集为生，磨制的石器有刀、斧、锛、凿、箭以及纺织用的石纺轮等；骨器相当精致耐用；农业作物为粟和黍，并饲养有猪和狗；出土的粗陶和彩陶标志着新石器时代彩陶文化的诞生。

仰韶文化佐证了新石器时代传说中的炎帝、黄帝、帝喾等部落真实的经济生活和文化活动：考古学的研究从此可以仰韶文化为依据，上溯到旧

河南竹林仰韶文化遗址
（和来贵　摄）

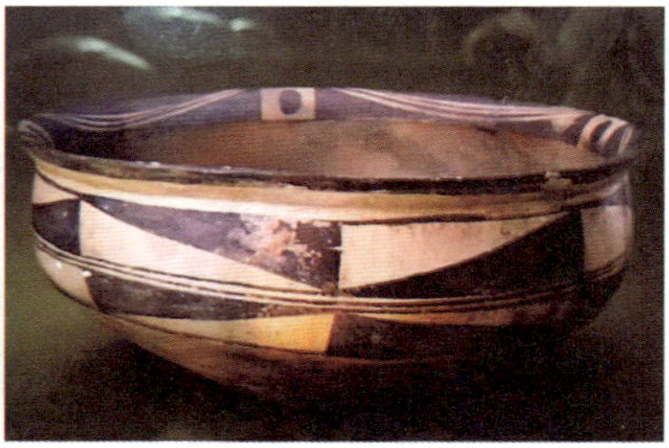

仰韶遗址出土的彩陶纹饰
（图片来源：故宫博物院）

石器时代，下延至青铜器时代和铁器时代；证据确凿地否定了所谓“中华文化西来说”的不实之词。

黄河文化的代表有：仰韶文化、马家窑文化、大汶口文化和龙山文化，标志着当时由新石器时代延续和发展到夏、商、周的青铜器时代的过渡性文化，表明黄河文化渐趋成熟的过程。

那时候一旦遇黄河泛滥，人们束手无策只能逃到山上，又或天旱地干颗粒无收也毫无办法。人们意识到天、地主宰着人的生存，风调雨顺才能有好收成。黄河流域多处古遗址出土的石碑、青铜器出现了龙的形象。龙的图腾是对天地的崇拜，实际上是对水的崇拜。《周易》崇拜天，也就是崇拜龙。黄河文化发展到了周代，龙崇拜的图腾，成为黄河文化的标识。

作为龙文化代表性形态的夏文化、商文化和周文化，承前启后发扬光大扩展至黄河下游的齐鲁之地：一个由孔子和孟子领军的“儒家”知识群体，在这片土地上诞生了。

生逢乱世的孔子，一生都在竭力主张“克己复礼”“天下归仁”，宣扬以“仁义”挽救“礼崩乐坏”的局面。其后的孟子更进一步指出“人之初，性本善”，天生明以见性，人皆可成仁成圣。孟子的性善论为孔子倡导的“为仁”学说提供了人性依据。所以在孔庙里孟子列于“亚圣”的位置。

由孔孟构建的以“仁、义、礼、智、信”为核心的理论体系，作为黄河文化的核心价值观成为华夏文化的一大特色。到了汉代获得了统治者的认可，从此成为华夏人的主流意识形态，对中国文化的发展起到了规范和制约的作用。

“择水而居”成就的两河文化之间是互相渗透、互相交融的，龙文化和鸟文化是齐头并进的。“龙”和“凤”古文化的遗址在地理分布上相互交叉是佐证。两大文化的交流和融合奠定了“龙凤呈祥”华夏文化的基础。

宁静的湖泊

湖泊就是地表储水的天然洼地。地球上的湖泊形形色色，绚丽多姿。

有的身居高山，雪山怀抱，像一颗颗光彩夺目的蓝宝石；有的静卧原野，烟波浩渺，是富庶的聚宝盆；有的相伴在喧闹的城市旁，明镜似的映衬着车水马龙的繁华。

湖泊一族

自然形成湖泊的条件是：湖（盆）底低于潜水面或有不透水层，湖水的聚积量大于损失量。地质、地理学家认为，至少有如下五种原因可以形成湖泊。

（1）地壳运动形成向下凹陷（褶皱）或断陷（断裂）的构造盆积水成湖，如洞庭湖和鄱阳湖。

（2）火山活动形成的火山口洼地（火山口盆）积水成湖，如长白山天池、湛江的湖光岩以及由于火山喷出的熔浆或地震造成的泥石流等堵塞了河谷形成的堰塞湖，如五大连池。

（3）由河流侧蚀作用形成的河曲，在洪水期河道被裁弯取直后遗弃在旧河道上的牛轭湖，如湖北监利县尺八口湖。

（4）由海洋地质作用在滨海区域形成沙坝，将原来的海湾封闭而与外海隔断形成潟湖，地质历史上的潟湖一般含盐度都比较高，如江苏的太湖、杭州西湖，就是由潟湖淡化而成的。

（5）由冰川刨蚀作用形成的洼地或是岩溶地区的溶蚀洼地，这些洼地积水也能形成湖泊。如天山博格达峰半山腰的天池即为冰碛湖。

湖泊是自然界天然形成；水库是在适当的地质、地理地域由人力造就的。

鄱阳湖鞋山
（图片来源：新华社图片）

长白山小天池火山口湖
（图片来源：CCTV-1）

太湖日落图（图片来源:《中国名水》）

柳浪闻莺在西湖（图片来源:《中国名水》）

地球上湖泊分布甚广，数量众多（约占全球陆地面积的 1.8%），湖泊的大小悬殊，深浅不一，形态各异。大型的湖时有潮汐运动，涨潮与退潮使湖面高差可达几十厘米至两米。这是湖区气压变化所致的，称为“假潮”。

世界十大著名湖泊名录

湖泊名称	国　家	面积（平方千米）	最大深度（米）
苏必利尔湖	美国、加拿大	82680	406
维多利亚湖	坦桑尼亚、肯尼亚、乌干达	69000	82
咸海	哈萨克斯坦、乌兹别克斯坦	64100	68
休伦湖	加拿大、美国	59800	229
密歇根湖	美国	58100	281
坦噶尼喀湖	刚果民主共和国、坦桑尼亚、赞比亚、布隆迪	32900	1435
贝加尔湖	俄罗斯	31500	1741
马拉维湖	马拉维、莫桑比克、坦桑尼亚	30900	706
大熊湖	加拿大	30200	413
大奴湖	加拿大	27200	614

中国著名湖泊名录

湖泊名称	湖面海拔（米）	面积（平方千米）	最大深度（米）	水质状况
青海湖	3194	4583	38	咸水
兴凯湖（中俄边境）	69	4380	—	淡水
鄱阳湖	21	3583	25	淡水
洞庭湖	34.5	2740	30.8	淡水
太湖	3	2420	4.8	淡水
呼伦湖	545.5	2315	8	淡水
洪泽湖	12.5	2069	5.5	淡水
纳木错	4718	1940	35	咸水
奇林错	4530	1640	33	咸水
南四湖	35.5 ~ 37	1266	6	淡水

根据湖水所含盐分程度，湖泊分为三类：盐湖、咸湖和淡水湖。 盐湖含盐量大于 35‰，即 1 升湖水中盐分超过 35 克。如青海察尔汗盐湖、新疆罗布泊盐湖、宁夏吉兰泰盐湖、青海茶卡盐湖。咸湖含盐量 1‰ ~ 35‰，如青海湖。盐湖和咸湖一般是在内陆干燥地区由于蒸发量大于补给量，湖水盐度日益增高所致。淡水湖是指湖水含盐量小于 1‰的湖。多分布于潮湿地区，湖水补给量大于蒸发量，水中盐分尚未沉淀就被带走。南昌鄱阳湖、无锡太湖、武汉东湖、杭州西湖和扬州瘦西湖等都是典型淡水湖。

湖泊的价值

湖泊能调节小区域气候，使周边城镇气候宜人，淡水湖泊的水往往还会成为城镇居民的生活水源；这一类湖泊的湖畔空气清新，可建设成景色秀美的园林，是旅游和休憩的好去处。湖泊还是资源储备库，且不说湖泊出产一些稀有名贵的鱼虾等水产，在盐湖和咸湖中发生的化学沉积作用具有更大的经济价值。

世界上有一些出产各种矿产的“怪湖”：如湖水所含盐类以碱（碳酸钾、碳酸钠）为主，沉积物便是自然碱，并伴生有方解石、白云石，这种湖称为碱湖；湖里主要沉积物是芒硝、石膏，其次有硫酸镁等硫酸盐类矿物的称为苦湖；湖里主要沉积物是氯化钠（岩盐）、氯化钾（钾盐）者，则称为盐湖；湖里主要沉积物是硼砂为主的硼酸盐类矿物的话，就直接称为硼砂湖。

中国的名湖

青海湖

青海湖地处青藏高原的东北部，又名“库库淖尔”，即蒙语“青色的海”，它既是我国最大的内陆湖，又是最大的咸水湖。湖的四周为巍巍高山所环抱，北面是高峻壮丽的大通山，东面是巍峨雄伟的日月山，南面是逶迤绵延的青海南山，西面是峥嵘嵯峨的橡皮山。青海湖是由大通山、日月山与青海南山之间的断层形成的断陷盆。从山脚到湖畔，山、草原、水域相映成趣，景色旖旎。

青海湖最深处 38 米，集水面积近 3 万平方千米，湖面海拔近 3200 米。湖水来源以地表径流为主，大气降水和湖内地下水补给为次。入湖的河流有 70 余条，主要有布哈河、沙柳河、乌哈阿兰河和哈尔盖河等。其中以发源于祁连山支脉的阿木尼尼库山的布哈河最大，占入湖径流的 60%。青海湖每年由河水降水和地下水总补给量近 35 亿立方米。气候干燥，湖区风大蒸发快，每年湖水蒸发量为 39 亿多立方米，年均亏损水量约 4 亿立方米，这就是湖水趋咸的主要原因。

青海湖在汉代时称为西海，即“西方的海”，深一层意思是“西王母之海”。传说西王母曾赐给汉武帝三千年结一次果的蟠桃，所以“西海”又意为“仙海”。汉朝末年，王莽为讨个“四海归一”的彩头，在今青海湖东北设置了西海郡，与当时已有的东海郡、南海郡、北海郡并列。

据地质学家研究，大约距今 20 万至 200 万年前的成湖初期，这里气候温和多雨，青海湖是一个宽阔的淡水外流湖泊，与黄河水系相通，湖水通过东南部的倒淌河泄入黄河。大约在 13 万年前，由于新构造运动，周围山地强烈隆起，湖东部日月山、野牛山的隆起，使原来注入黄河的倒淌

湛蓝的青海湖（毛德明　摄）

河堵塞，青海湖遂演变成了闭塞湖。又因为气候由温暖多雨变为少雨干旱，湖水补给量小于蒸发量，青海湖由淡水湖逐渐演变成咸水湖。

据史料记载，距湖东岸 25 千米处的汉代察汉城原在湖滨；在布哈河三角洲前缘约 20 千米处有湖堤遗址。说明湖的东西两岸已分别向湖心收缩 25 千米和 20 千米，水位下降约 100 米。

据近年遥感测算，青海湖湖水面积在逐渐变小，湖水深度在逐渐变浅。截至 2004 年测量计算，青海湖水位每年平均以 12 厘米以上的速度下降，水位下降最快的 2000 年，一年之内下降了 21 厘米。以这样的速度，青海湖年均减少湖水 4.3 亿多立方米，似乎正在从单一的高原大湖泊分裂为“一大数小”的湖泊群。

鄱阳湖

鄱阳湖是我国第一大淡水湖，又是湖中小岛玲珑的季节性、吞吐型的第二大湖。它位于江西省北部，长江南岸，在汇集了赣江、修水、鄱江（饶河）、信江和抚河等江河后经湖口注入长江。湖盆由构造断陷而成，形似葫芦，南北长 173 千米，东西宽 50 ~ 70 千米，平均水深 8 米多，最深处约 25 米。高水位与低水位可相差 8 米之多。

鄱阳湖以都昌和吴城间的松门山为界，分为东、西两湖。松门山东南称东湖，湖面辽阔，是鄱阳湖主体。平水位时湖面高于长江水面，湖水北泄长江。经鄱阳湖调节，洪峰时节可为赣江等河流减弱 15% ~ 30% 的流量，减轻了长江洪峰对沿岸安全的威胁。

鄱阳湖承载着丰富的历史、文化的痕迹，徐稚、陶渊明、林士弘、刘恕、洪适、江万里和朱耷等都曾在湖滨居住。这里曾经有过战鼓隆隆，吼声震天的厮杀场面，魏、蜀、吴三国鼎立时，吴国统帅周瑜曾在湖上操练水师，明代朱元璋与陈友谅在鄱阳湖水战……鄱阳湖是古代从北方进入江西的唯一水道，发生在鄱阳湖上的文人逸事和民间传说则更是数不胜数。唐代诗人王勃在《滕王阁序》中的名句“渔舟唱晚，响穷彭蠡之滨”，描述的就是渔民从鄱阳湖捕鱼归来的欢乐情景；苏轼在《李思训画长江绝岛图》诗中写的“山苍苍，水茫茫，大孤小孤江中央”，说的也是鄱阳湖的胜景。

鄱阳湖犹如一只巨大的宝葫芦系在万里长江的腰带上，在长江流域发挥着巨大的调蓄洪水和保护生物多样性等特殊调节生态之功能，是我国十大生态功能保护区之一。鄱阳湖是美丽的湖，神秘的湖，充满诗情画意的湖，也是富饶的湖。

察尔汗盐湖

察尔汗盐湖是我国最大的盐湖，也是世界上最著名的内陆盐湖之一，地处柴达木盆地，距西宁市 750 千米，海拔 2670 米。盐湖东西长 160 多千米，南北宽 20 ~ 40 千米，面积 5800 平方千米，由达布逊、南霍布逊、北霍布逊、涩聂四个盐湖汇聚而成。盐湖周围地势平坦，风和日丽时，浩瀚的湖面似晴空下平静的大海，又似一面巨大的宝镜，折射出闪闪银光。

盐湖是湖泊中含盐度高、含有多种元素的一种特殊湖泊。

在我国青海、西藏、新疆和内蒙古四个省（区）范围内，有一千多个盐湖，显示了盐湖的数量多、分布面积广、类型齐全和富含稀有元素等诸多特点。从卤水的化学成分看，四个地区的盐湖各具特色：西藏有碳酸盐型盐湖，青海有氯化物型和硫酸镁亚型盐湖，新疆有硫酸镁亚型和硫酸钠亚型盐湖，内蒙古有碳酸盐型和硫酸钠亚型盐湖。

现已查明，察尔汗盐湖有超过 5.4 亿吨的氯化钾储量、16.5 亿吨的氯化镁储量、824.6 万吨的氯化锂储量和 462 亿多吨储量的氯化钠，此外，还富含硼、溴、碘和铷等元素，使盐湖具备广阔的综合开发利用前景。

正在开发的盐湖（项仁杰 摄）

湖中的盐花，晶莹透明，千姿百态，有的像珊瑚、宝塔、花朵，有的似象牙、玉雕，更有号称“盐湖之王”的珍珠盐，颗颗洁白如雪，粒粒温润如玉。玻璃盐也是察尔汗盐湖的珍稀之品，虽呈正方体，却有水晶一样的光泽和透明度。此外，湖中还有为世界稀罕的晶莹透亮的光卤石产出。

察尔汗盐湖水分蒸发量大于补给量，湖内固结的“盐盖”厚达数米至几十米，异常坚硬，承载能力很大，汽车、火车可以在它上面奔跑，飞机可以在它上面起落，甚至可以在它上面建房屋、盖工厂。格尔木至敦煌的公路与青藏铁路横贯察尔汗盐湖，跨度 32 千米，盐盖既是路基也是路面，说是路，路基下是盐湖水，说是桥，桥下没有桥墩，这就是举世闻名的“万丈盐桥”和“钢铁彩虹”。盐盖上还建有中国最大的年产 100 万吨的青海钾肥厂。

“万丈盐桥”同所有道路一样，经受来往载重汽车碾压的路面会出现坑凹，养路工人们在路边的盐块上砸些盐屑，铺于路的凹坑中，然后到路边挖好的盐水坑里舀一勺浓浓的卤水，往上一浇，盐粒很快融化并凝结，路面便完好如初——盐桥的这种“养护方法”真是堪称一绝。

以盐湖矿产为主的盐湖研究，带动了盐湖独特的微生物群落、嗜盐微生物的研究，拓展了盐湖研究的领域。大量的油气勘查表明：全世界 60% 以上的油气资源赋存于盐湖环境（蒸发盆地）中。盐盆地的水体分层结构

盐湖的盐花

盐湖中用盐铺的路

（宋彭生　摄）

有利于大量生物的聚集，并向烃源岩转化。科学家认为，研究盐生物向烃源岩转化和保存的机制，具有重大的经济和科学意义。研究极端地质环境下的嗜盐生物，对探讨气候变化和生命起源与生命过程的认知、对改善荒漠和生态环境等问题也有很重要的意义。

水库

湖泊是自然界天然形成的积水盆地；水库则是在适当的地质、地理条件下由人工造就的湖泊。它们的区别在于两点：一是水库指“人们有意识地在适当的地方建造拦洪蓄水和调节水流的一种重要水利工程”；“适当的地方”是指在山沟或河流的狭口处建造拦河大坝。二是除了拦洪蓄水和调节水流之外，还具有蓄水灌溉、发电、防洪、供水和养鱼之用，将水可能造成的灾害尽可能地改变为对人类有用的动力，甚至还要它们发挥调节气候和保护生态环境的作用，把水患之地改造成风景优美的旅游点。实现歌

世界库容量最大的五座水库

水库名称	库容（$\times 10^8$ 立方米）	国家	建成时间
欧文瀑布水库	2048	乌干达	1954
卡霍夫斯卡水库	1820	俄罗斯	1955
卡里巴水库	1806	赞比亚、津巴布韦	1959
布拉茨克水库	1692.7	俄罗斯	1964
阿斯旺水库	1689	埃及	1970

中国库容量最大的五座水库

水库名称	库容（$\times 10^8$ 立方米）	江河	建成时间
三峡水库	393	长江	2009
丹江口水库	339.1	汉水	1973
龙羊峡水库	274.19	黄河	1986
龙滩水库	272.7	红水河	2009
糯扎渡水电站	237.03	澜沧江	2014

里唱的“让洪水听候使唤，让沙漠盖上绿荫”；总之一句话：让水发挥更大的利民作用。

世界各国都十分重视建设利国利民的水库，据查库容量最大的水库竟达 2048×10^8 立方米。

积雪和冰川

高纬度地区的寒冬，“千里冰封，万里雪飘”，茫茫的白雪铺天盖地，瑞雪给大地铺上一层厚厚的洁白“地毯”，高海拔的山顶上常年带着洁白的“毡帽”。我国民间欢欣腊月的第一场雪，因为这是丰年之兆。早在西汉时期,《韩诗外传》有“凡草木花都五出，雪花独六出”的记载，古人对雪花的形态已有细致的观察和研究。

雪

雪是大自然的精灵，是大自然赐给人类的宝贵资源。

公元前出版的《韩诗外传》中就有雪花的描述：“凡草木花都五出，雪花独六出”，姑且不论韩氏的儒家政见，仅就对雪花形态的观察还是非常准

相关链接

《韩诗外传》是一部记述中国古代史实和传闻的著作，又名《汉魏丛书》，作者韩婴，出版时间为公元前 150 年左右。后历朝历代均出版有各自的版本。

该书借“诗”发挥作者的政治思想，由 360 条逸事、道德说教、伦理规范和各类忠告等杂编而成；它以儒家为本，因循损益，以传资政，从礼乐教化、道德伦理诸方面阐发其思想。

确、非常细致的；在自然科学的矿物学研究中给了人们以启迪。

华夏民族对雪的认识，最早是从农耕经验中总结出的。现代对雪的认识就全面多了，雪的晶粒结构非常复杂，内部的微孔空间很大，雪吸附空气中的浮尘以及甲醛、花粉等有害物质，雪有净化空气的功能。雪是一种廉价的清洁能源，10 万吨雪换算成等量冰所需的能耗相当于 12000 吨石油的能量。

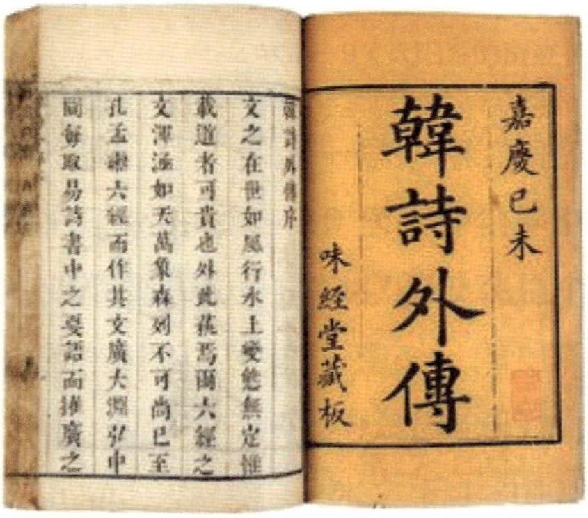

清嘉庆年间的《韩诗外传》版本
（图片来源：360 网站）

常年温度在 0℃以下的南北两极和高纬度高海拔山区，大气降水多表现为固态的雪和雹，积雪覆盖着大地。在这些积雪区域的下部边缘称为雪线。雪线以上地带，每年的固体降水总量与融化、蒸发、下渗等消耗总量是平衡的。雪线的海拔高低不仅与纬度有关，即使在同一山脉的南坡与北坡也有差异。如天山北坡雪线要比南坡低七八百米，这是因为南坡日照射强度大，时间长。

降水量对雪线海拔高低的影响更为明显，喜马拉雅山南坡年降水量在 1000 毫米以上，雪线海拔为 4600 千米；而面向中亚干旱草原的北坡，年降水量小于 300 毫米，雪线海拔为 5600 千米。雪线的海拔高低还受地形影响，陡峻的山坡积雪薄而不稳定，所以在同一地区陡坡的雪线总是要高

阿尔卑斯山雪山（倪集众　摄）

于平缓的山坡。

崇尚自然美的中华民族，对雪的认识不仅是物质的，更是精神的。上下五千年的灿烂文化，雪也是诗人文豪们抒发情感的重要元素。有单纯描雪景的，如唐代高骈的《对雪》:“六出飞花入户时，坐看青竹变琼枝。如今好上高楼望，盖尽人间恶路歧。”此诗说的是六角形的雪花飘入庭院，翠绿的竹叶被雪覆盖变得洁白似玉，上楼登高远望，大雪铺天盖地，纵横交错的道路全没了；有表达赏雪时心情的，如韩愈的《春雪》:“新年都未有芳华，二月初惊见草芽。白雪却嫌春色晚，故穿庭树作飞花。”诗中巧妙地表达了诗人盼春心急、思春情切；有借雪阐述公正求实的，如宋代诗人卢梅坡的《雪梅》之一:“梅雪争春不肯降，骚人搁笔费评章。梅须逊雪三分白，雪却输梅一段香。”此诗别开生面，指出梅花应承认没有雪那么洁白，白雪也要承认没有梅花那种清香。推而广之，世界上万人凡事何不如此，两人相比各有长处也各有短处，互相学习，取长补短才是正道。

冰川成因及冰川作用

什么是冰川

冰川是冰的河流，也是水的一种存在形式，是在极寒之地（雪线之上地区）由足够的固态降水（雪、雹）堆积。积雪表面受太阳照射而融化，

南极大陆冰盖（夏立民 摄）

山岳冰川（倪集众 摄）

雪水渗入下部再结晶，随着雪层加厚压力增大，雪花会变成完全丧失晶体特征的圆粒状雪（粒雪），大大小小的粒雪相互挤压，紧密地镶嵌在一起，其间的孔隙不断缩小，粒雪的硬度不断增加，雪粒间的空气也被封闭在里面，这样就形成了乳白色的雪冰。经过漫长的岁月，就变得更加致密坚硬，里面被封闭的气泡也逐渐减少，慢慢地变成晶莹透彻、带有蓝色的水晶一样的冰川冰。冰川冰在重力作用下，沿着山坡慢慢向下移动，这种长期存在的流动冰体称为冰川。

如果冰川是发育在宽阔大陆上的，称为大陆冰盖；发育在高山上，称为山岳冰川。大陆冰盖主要分布在南极和格陵兰岛。山岳冰川则分布在中纬度、高纬度的一些高山上。地球上陆地面积的十分之一为冰川所覆盖，而五分之四的淡水资源就储存于冰川（冰盖）之中。冰川是地球上最大的淡水资源，也是地球上除海洋以外最大的天然水库。冰川中还蕴藏着许多有价值的信息，科学家在冰盖上钻孔取冰内样品，测试冰中的气泡与包裹体的成分、结构等，对判断冰的年龄和古气候、古环境特征有重要意义。

地球表面冰川分布与储水量

地　区	冰川面积（平方千米）	储水量（立方千米）
南极大陆	13980000	21600000
格陵兰	1802400	2340000
北极岛屿	226090	83500
亚洲	109058	15630
欧洲	21415	4090
北美洲	67522	14602

续表

地　　区	冰川面积（平方千米）	储水量（立方千米）
南美洲	25000	6750
大洋洲（新西兰和巴新）	1014.5	107
非洲	22.5	3
合计	16227500	24064100

冰川是怎样运动的

1827 年，有位地质学家在阿尔卑斯山的老鹰冰川上修筑了一座石砌小屋。十三年后，发现这座小屋向下游移动了 1428 米。小屋本身是不会移动的，原来是小屋的“地基”——冰川在运动，把小屋捎带着一起移动了。冰川运动有点像水流，中间快，两边慢。要是横过冰川插上一排花杆，不需太长时间就可发现，原来呈直线排列的花杆弯成向下游凸出的弧形排列，中间的花杆向前移动的速度大于两侧花杆。冰川运动速度总的来说十分缓慢（一天几厘米至几米）。

固态的冰会流动吗？原来，物体在受力情况下，为了适应或消除外力，会发生弹性变形、塑性变形甚至脆性变形（或称破裂）。例如，外力弯一根钢筋，当外力大小在钢筋能承受的弹性范围内，钢筋被弯曲，卸去外力钢筋复原，这是弹性变形；当外力超过弹性极限时，钢筋被弯曲而回不到原来的位置，即发生了塑性变形；当外力特大超过钢筋破裂强度时，钢筋被折断，即脆性变形。冰是一种结晶体，在外力作用下晶格面网间会发生滑动，首先表现为塑性变形；而当外力突然增高超过冰的破裂强度时，就会发生脆性变形（断裂）——冰川破碎而下。

物体的变形还与外力作用时间长短有关，当物体长期受力时，哪怕这种力不大，也会产生塑性变形。在冰川下部，由于上部冰层的压力和上游冰层的推力，总是处于受力状态，使下部冰层的塑性变形表现得比较充分。同时，下部冰层由于受压而溶点低于上部冰层，因而塑性变形更易实现。这样，冰川下部出现塑性带就不难理解了。而冰川表层，缺乏长期受力这个重要条件，当外力突然增加时，往往发生弹性或脆性变形，成为脆性带。

在一个畅通的山谷中，冰川流动时流速最大的部位是在冰川表面，愈近谷底速度愈慢（冰与谷底有摩擦作用），这种运动方式叫重力流。如果冰川流动过程中，在前方遇到凸起的基岩或流动变缓的大冰块的阻塞，就在那里形成前挤后压的剪应力，这种流动方式叫阻塞重力流。在发生阻塞重力流的地方，冰中常有许多逆断层，还有复杂的褶皱出现。

冰川作用

冰川流动过程中对冰川两侧和底部基岩产生强烈的机械侵蚀作用。表现形式有：①刨蚀作用，冰床底部或冰床两侧节理发育的基岩，被反复冻融而松动，这些松动的岩石和冰川冻结在一起，当冰川流动时就把岩块拔起带走。刨蚀作用使冰川河谷坡度崎岖凹凸，自上而下呈阶梯状。② 磨蚀作用，因受上面冰体的压力和高处冰体的推力，当冰川流动时，冻结在冰川两侧或冰层底部的岩石碎片，对冰川底床及两侧进行磨削和刻蚀。磨蚀作用可在基岩上形成带有擦痕、刻槽的磨光面，作为冰川作用的一种证据，擦痕、刻槽方向可以用来指示冰川行进的方向。③冰楔作用，在岩石裂缝内的冰融水，经反复冻融作用，体积时涨时缩，像楔子一样造成岩体裂成为碎块，从两侧山坡坠落到冰川中向前移动。

冰川遗迹

冰川地貌

冰川作用留下了一系列的特征地貌，搬运和沉积的特征。地质学家根据这些特征地貌，分析、研究地质历史中的地壳运动，古地理、古气候特征，冰川分布等地壳上曾经发生的事件。

冰斗：是山谷冰川冰蚀地貌之一，由冰蚀作用造成的三面环山，后壁陡峻的半圆形洼地。其出口向山坡前方，口上常有凸起的岩坎，整个地形似汤匙状。冰斗一般形成于雪线附近，是调查冰川遗迹的重要标志之一。冰川消退后，洼地积水成湖，即冰斗湖。

鳍脊、角峰、冰垭：因为挖蚀和冻裂的侵蚀作用不断扩大，冰斗壁后退，相邻冰斗间的山脊逐渐被削薄而形成刀刃状，称为鳍脊或刃脊。几个冰斗所交汇的山峰，形状很尖，则称为角峰。在刃脊之间的低下鞍部处，称为冰垭。

削断山嘴、U 形谷、石洼地：当山谷冰川自高地向低处移动，山嘴被削平成三角形，称为削断山嘴。又因为冰川谷的横剖面形状如 U 字形，

冰川从冰斗中流出（麻少玉　摄）

玉龙角峰（图片来源：CCTV-9）

故称 U 形谷。U 形谷两侧有明显的谷肩，谷肩以下的谷壁较平直，底部宽而平，若在冰川谷底部，因冰川的挖蚀，形成向下低凹的水坑，称石洼地。

峡湾：在高纬度地区，冰川常能伸入海洋，在岸边侵蚀成一些很深的 U 形谷，当冰川消退以后，海水可以沿谷进入很远，原来的冰谷便成峡湾。

悬谷：支冰川因冰薄，下蚀力弱，形成的 U 形谷较浅。在与主冰川交汇之处，支冰川底高于主冰川底悬挂下坠成瀑布状，称之为悬谷。

羊背石：为冰川基床上的一种侵蚀地形，是冰川底部的基岩被磨蚀成像羊背样的小山丘，常成群分布，远望如匍匐的羊群，故称为羊背石。羊背石的长轴方向与冰川流动方向一致。

还有冰川磨光面、冰川擦痕、砣形丘等。

冰川搬运作用

由冰川侵蚀作用所产生的大量松散岩屑和从山坡崩落的岩屑，会进入冰川系统随冰川一起运动，这些被搬运的岩屑统称为冰碛石，据其在冰川内的不同位置而有不同的名称。露在冰川表面的冰碛石称表碛；夹在冰川内的冰碛石称内碛；堆积在冰川谷底的冰碛石称底碛；在冰川两侧堆积的冰碛石称侧碛；两条冰川汇合后，相邻的侧碛合在一起，位于会合后冰川的中间称中碛；随冰川前进，而在冰川末端围绕的冰碛石称终碛（尾碛）。

冰川的搬运能力很强，能把巨大的冰碛石驮运相当长的距离，也能将巨大的冰碛石搬到很高的地方，这些被搬运的巨大冰碛石称为漂砾，其岩石性质与下伏基岩完全不同。冰川是固体搬运，搬运过程对搬运物没有分选性。

冰川堆积作用

冰川携带的冰碛石，由于冰川消融或负荷过重，沿途逐渐发生堆积作用。不同位置搬运的物质，堆积下来便形成相应的各种冰碛物。冰碛物堆积体，碎屑大小不一，杂乱无章，泥砾共存，没有层理。部分冰碛石被融化后的冰水冲刷、淘洗，继续搬运，会依照颗粒的大小在适当地方沉积下来堆积成层，即冰水作用的沉积物（冰积物）。在冰湖沉积中可形成层次清晰的纹泥层，据此可推算冰川所经历的年代。

冰驮着巨大的冰蘑菇

（来源：《托木尔峰科考报告》）

中国的冰川

我国冰川面积占世界冰川总面积的 14.5%，占亚洲山岳冰川总面积的 47.6%，是中高纬度冰川发育最多的国家。主要分布在新疆、青海、甘肃、四川、云南和西藏六省（区），自北向南依次分布在阿尔泰山、天山、帕米尔高原、喀喇昆仑山、昆仑山和喜马拉雅山等山脉。这些山脉山体巨大，高耸入云，为冰川发育提供了广阔的积雪空间和有利的气温条件。考察发现，我国的冰川按面积论，有 33 条的面积超过了 100 平方千米。

新疆托木尔冰川

托木尔峰海拔 7435 米以上，是天山最高峰。海拔 4000 米以上的地区，即使在炎热的夏季，也是一派“玉龙飞起、周天寒彻”的冰雪世界。发育在我国境内的 509 条冰川总面积近 2750 平方千米，冰雪储量 3500 亿立方米，是我国冰川之最，比祁连山和珠穆朗玛峰地区冰雪储量的总

托木尔冰川

（图片来源：《托木尔峰科考报告》）

冰洞

和还大得多。托木尔冰川长 32 千米，是我国第一冰川。

在山谷冰川中，有多条巨大的呈树枝状交汇于主干冰川的支冰川，我国冰川学家命之为“托木尔山谷型冰川”，这类冰川占冰川总量的 85％。

冰川上常形成消融区“热喀斯特”现象，水深莫测的冰面湖，数百米深的冰裂缝，还有浅蓝绿色的冰溶洞、冰蘑菇、冰下河道等冰川奇景，大量冰川融水由冰舌末端的冰洞流出。

四川海螺沟冰川

海螺沟冰川长 14.7 千米，面积 16 平方千米，最高海拔 6750 米，最低海拔 2850 米，落差达 3900 米。据近年考察，冰舌长 6 千米，宽 0.4 ～ 0.7 千米，推算最厚 100 ～ 130 米，冰川如同一条银色的长龙，从贡嘎山逶迤而下，浩浩荡荡，气势磅礴。在 U 形峡谷里伸入绿色林海达 6 千米，形成冰川与森林共生的奇异景观。冰川上的大冰瀑布高 1080 米，宽 1100 米，是我国至今发现的最高最大的冰瀑布，是黄果树瀑布的十五倍，气势宏伟壮观。

冰川在运动中形成晶莹如水晶、观赏价值极高的冰川弧拱、卷曲、单斜、向斜和冰川层纹，蔚为壮观。在冰川的消融过程中形成的千姿百态的冰面湖、冰桌、冰洞与冰桥、冰面河、冰窟窿、冰蘑菇……多姿多彩的奇景让人目不暇接。

意外的是冰川上不冷，夏秋季节，可以身着薄衫，脚踏冰川漫步在这光怪陆离的神奇冰川世界，完全不用担心“冰上不胜寒”，游客可以轻而易举地登临冰川览胜。

海螺沟冰川（图片来源：028668.com）

甘肃透明梦柯冰川

蒙古语“透明梦柯”，意为高大宽广的大雪山上的冰川。冰川位于甘肃省肃北县祁连山区大雪山北坡老虎沟内，长 10 千米有余，面积近 22 平方千米，是祁连山区最大的山谷冰川。老虎沟地区共有冰川 44 条，总面积 50 平方千米以上，透明梦柯冰川是其中第 12 号冰川。

透明梦柯冰川末端海拔 4260 米，最高峰海拔 5483 米。它有宽大的粒雪积累区，坡度较平缓，冰面坡降为 3°～6°，粒雪区最大坡度为 26°，没有雪崩危害，具有稳定性冰川的特征。透明梦柯冰川规模较大，冰谷、冰蘑菇、冰斗、冰瀑布、冰裂缝等特有冰川地貌在这里随处可见。

冰川的现在和将来

地球气候的变化，制约着冰川面积和体积的增减。这种现象在低中纬度的地方尤其显著。世纪之交的十数年间就有过一系列的报道：非洲肯尼亚山失去了 92% 的冰川；西班牙在 1980 年时有 27 条冰川，现在仅剩下 13 条；欧洲的阿尔卑斯山脉在二十世纪已失去了一半数量的冰川。2003 年入夏，席卷欧洲各国的热浪使当地的气温接近或超过了历史最高纪录。

在瑞士，3900 米高的费尔佩克斯雪山之巅的气温升到了 5℃，那里冰川的厚度下降到了近 150 年来的最低点。在秘鲁利马地区，近年来冰川正以每年 30 米的速度消融，而在 1990 年以前，消融速度每年只有 3 米。

美国和加拿大的科学家发现，在加拿大努纳武特区埃尔斯米尔岛的北部海岸，2000 年人们通过雷达勘察到近 400 平方千米的沃德·亨特冰架上出现一条小裂缝，2002 年，两年后这条裂缝扩大为 77 米的大深沟，旁边又出现了一些新的裂缝，一块 6 平方千米的浮冰已经分离出去，飘在沃德·亨特母体冰架附近，看来沃德·亨特冰架最终会一分为二，三千岁高龄的北极冰架“老大”沃德·亨特消亡了！

在中国天山，约有 22% 的冰川体积在过去四十年渐渐消失。天山是我国最大的冰川区，共有冰川 6890 多条，总面积约 9500 多平方千米。新疆北部和南部的冰川目前都发现有萎缩现象，冰川出现不同程度的后退。乌鲁木齐河发源于天山的天格尔峰一号冰川，河水年径流量为 2.35 亿立方米，是乌鲁木齐市的主要水源，一号冰川一直处于后退状态，从 1962 年之后的三十年间，冰川退缩了 140 米。冰川局部地区的雪线正在以年均 2 ~ 6.5 米的速度上升，有些地区的雪线年均上升竟达 12.5 ~ 22.5 米。

在喜马拉雅山，最大的一条冰川从 1935 年以来已缩短了 300 多米。附近山区有近 50 个冰川湖的水位明显上升。冰川萎缩的速度确实是相当惊人的。

令人欣慰的是，近年研究显示，从喜马拉雅山到我国与吉尔吉斯斯坦交界处的天山山脉，在这全球最大的被冰雪覆盖区的冰川，在过去十年中几乎看不出有减少的迹象。此外，2003 年至 2010 年期间进行的研究表明，虽然地球上的许多冰川和冰盖的确在融化，但这些山峰的新增冰川足以弥补其损失。

科学家认为，在过去的一个世纪里，冰盖和山岳冰川的融化，是导致全球海平面上升 10 ~ 25 厘米的原因之一。如果南极冰盖发生崩解，会引起全球海平面上升近 6 米。如果南北极两大冰盖全部融化，其结果会使海平面上升近 70 米。

海平面上升的后果是灾难性的，将淹没沿海大片地区，使得居住在这些地区（占世界一半人口）的居民不得安宁。美国纽约只能剩下联合国大厦和几座摩天大楼的楼顶，法国巴黎也许只能看到埃菲尔铁塔的塔顶，而荷兰、英国等几十个低洼国家和太平洋中的许多岛屿将不复存在。

海平面上升会使全球气候明显改变。俄罗斯西伯利亚的鄂毕河、勒拿河和叶尼塞河，都是南源北流的通航大河，往往到了夏季河口仍然冰封未消。为了疏通航道，航运部门把煤粉撒在冰面上，让冰面不反射阳光而吸收阳光，促进河冰融化。这样，可以提早 2 ~ 3 周通航。冰川，特别是极地大范围冰盖能大量反射太阳光，从而有助于人类居住的地球保持宜居的温度。然而，当冰川融化后暴露的陆地和水面就会吸收太阳热量，从而导致冰体融化更多，由此连锁反应势必加速地面增温过程，使得气温上升。而北极地区冰体过度融化后较冷冰水却会对欧洲部分地区和美国东部地区产生冷却效应，冰水流入北大西洋，又可能使那里的大洋环流模式遭到破坏，反过来又影响着全球气候变化。造成冬季严寒，暴风雪成灾，夏季高温不退，暴雨、飓风、洪水泛滥。极端天气的发生频率越来越高。

冰川消融更会使局部地区遭受灾害。如果喜马拉雅山冰川快速融化，将使尼泊尔、不丹境内近 50 个冰川湖决堤而引发洪水泛滥；也会引发印度境内印度河、恒河水位上涨而造成洪灾。另外，随着冰川的退缩，大部分以冰川融水为水源的地区将会严重缺水，如秘鲁、印度北部会面临缺水危机。

冰川消融使一些动植物的生存环境被破坏，也给人类生存环境造成威胁。有报道说，因为冰盖融化，北极熊觅食难度增加而体重下降；南极的企鹅和海豹也因气温上升而改变了生活习性和繁殖方式；几百年至几万年前埋藏于冰盖中的微生物因冰川消融而暴露出来，它的扩散会对人类健康产生一定的影响。

地下水与地热

地下水

地下水是自然储存和流动于地表之下的水。包括在土（壤）颗粒间，在岩层间，在岩石缝隙中，在组成岩石的矿物或颗粒间的水。所以，地下水中溶有较多的矿物质，如 Cl^-、SO_4^{2-}、HCO_3^-、K^+ 、Na^+ 、Ca^{2+}、Mg^{2+} 等。地下水的化学成分和物理性质与地表水有许多不同。

地下水是一种宝贵的自然资源，可供人类生活、医药卫生、生物养殖、农业灌溉和工业生产之用。地下水也会给人类带来一些麻烦，对于铁路、高速公路、水利工程、矿山掘进、大型建筑的建设，在工程设计前必须勘察明了施工区域地下水的分布和活动规律，优选拟定科学对策。否则路基、建筑物会不稳定，水坝、水库会漏水，矿井会涌水，造成经济损失和人员伤亡。

地下水总量只占地表水总量的万分之一，属于地球水圈的组成部分，参与水的循环。

地下水从哪里来

地下水主要来源于地表水在重力作用下的向下渗透，其次有灼热的岩浆分离出的水蒸气冷凝的水（岩浆水），再有就是古代沉积物中的囚水。水的渗透是通过土、岩石空隙进行的。空隙可以分为三类：土（壤）和松散岩石的颗粒间隙、致密岩石的裂隙和可溶性岩石的洞隙。这些空间大小悬殊，却是地下水的储存库和流动通道。

自然界岩石按成因、成分分类有上千种，如果按透水性分类，常常把砾岩、砂岩及裂隙多的或很破碎的岩石，称为透水的岩石。以孔隙度来衡量（岩石中单位体积的空隙总体积与岩石体积之比），这类岩石孔隙度大，由其构成的岩层即为透水层。黄土、粉砂质泥岩、页岩、硅质岩、花岗岩、板岩等称为不透水的岩石。这类岩石孔隙度较小而且空隙间连通性差，由这些岩石构成的岩层（体）为不透水层。砂质黏土、泥质细砂岩以及裂隙不多的致密岩石称为半透水的岩石。这类岩石的透水性介于上述两者之间，其构成的岩层为半透水层。

地下水的基本类型

地下水的分布有一定的规律，按照它所在的地质环境可以分为：

土（壤）水，是分布在近地表土中的水。以气态水、吸附水、薄膜水、毛细管水等状态存在，对于植物生长具有意义。一般处于不饱和状态，所以在此打井不可能获得水。

潜水，是在近地面的第一层不透水层之上，蓄聚起来的渗透水形成的饱和水层，是一种具有自由表面的重力水。潜水的表面称为潜水面。潜水面随地形起伏，即俗话所说的“山有多高水就有多高”，潜水由高处向低处缓慢流动。潜水面随地表水补给量变化而升降。在土（壤）水和潜水面之间为地下水的暂时饱和带，如果水井深度只到达此带，在干旱季节就干枯无水。了解潜水面到地面的垂直距离（潜水埋藏深度）对建设工程有重要意义。

层间水，就是夹在两个不透水层之间的含水层中的水。层间水承受一定的静水压力，所以又称承压水。如果该层间含水层是倾斜的，在倾斜的下方打井，当钻井深度穿透上部隔水层时，水就会自然涌出井口，就称为自流井。这是因为高处的地下水对低处地下水有足够大的静压力。

泉

“泉水叮咚，泉水叮咚……”这首抒情的歌曲为我们展现了一幅令人陶醉的画面：清澈晶莹的泉水自岩缝中涌出，泉水落地似珍珠脱串，叮咚有声四处蹦跳，然后汇成透明的水流淌入小溪潺潺流去。举目四望，蓝天白云下青山连绵郁郁葱葱……

地下水自行从岩石的裂隙或洞穴流到地面就称为泉。换言之，泉是地下水的天然露头，是地下水排泄的一种形式。泉多出露在山区与丘陵的沟谷和坡角、山前地带、河流两岸、洪积扇的边缘和断裂带及其旁侧，而在平原区很少见。泉水常年不断地汇入河流，是河流补给的重要部分。在石灰岩地区，出水量大的岩溶泉可以成为河流的源头。

俗称“一碗水”的裂隙泉

溶洞泉

（毛德明　摄）

根据形成泉的地质条件，泉可以有不同的类型：地下水从透水层与不透水层接触处流出形成的泉称为接触泉；沿着岩石裂隙流出形成的泉称为裂隙泉；沿着断层流出形成的泉称为断层泉；从溶洞流出形成的泉称为岩溶泉。有些岩溶泉水的流量呈潮汐变化，有时水量大，有时水量小，甚至泉口不出水，呈周期性变化，称为间歇泉。

中国著名岩溶泉

泉名	地点	流量（立方米/小时）	泉的类型
娘子关泉	山西省平定县	50400	上升泉
神头泉	山西省翔县	28800	上升泉
黑龙洞	河北省邯郸市峰峰矿区	27000	上升泉群
锦屏泉	四川省冕宁县	26830	上升泉
城佛寺泉	河南省安阳县	14400	上升泉
明水泉	山东省章丘县	8541	上升泉
百泉	河南省辉县	8360	上升泉群
神头泉	山东省博山市	8280	上升泉
趵突泉	山东省济南市	6684	上升泉
晋祠泉	山西省太原市	6480	上升泉

根据泉的水力性质可分为：承压水在水压力和在气体压力的作用下，上升到地表出露的泉称上升泉；受上层滞水或潜水补给，在重力作用下，自由流出地面的泉称下降泉。

依据泉水的温度，可将矿泉分为温度低于25℃的冷泉、温度在25～37℃的温泉、温度在38～42℃的热泉和温度在42℃以上的高热泉。

中国广袤的大地分布着许许多多的泉，是淡水水源的主要组成部分。据粗略统计，较大的泉流就有十万多处，其中水质好、水量大或以奇特而闻名的所谓“名泉”有百余处之多。被称为天下第一泉的江西庐山的谷山帘泉、江苏镇江的中泠泉、北京西郊玉泉山的玉泉、山东济南的趵突泉、四川峨眉的玉泉等都是冷泉。此外，还有被封为“天下第二泉”“天下第三泉”称号却没有具体“封号”者则数不清了。

人类很早就利用泉水，除了饮用之外还用于食品和饮料加工。如发豆芽、做豆腐、酿酒等。千年古刹建在崇山峻岭，一方面是为了远离城镇的喧嚣，在林木苍翠风景秀丽的清净环境里利于修行，还因为这些地方有保障生存的清冽甘甜的泉水。

研究泉，可以判断岩层的含水性，了解相应含水层中地下水的成因和水质特征等情况。地下径流以泉的形式集中排泄的地区，泉水流量可作为论证地下水可开采量的依据。

研究泉水化学成分、物理性质和气体成分，可为提取矿物原料，或为医疗保健提供依据。研究泉还有助于判断地质构造和了解不同成因类型裂隙的导水程度，泉的分布对判断被掩盖的地层界线与构造线也具有重要意义。

所谓天下第一泉、第二泉的排名是经水质鉴定、品茶评定。譬如秀丽的峨眉山大峨寺神水阁前的玉液泉，清澈明亮，千年流泻不息。夏日用手去掬，冷气直透肌骨，品一品，则涤肠荡胃，神清气爽。古人誉此泉为“饮之诧得仙”，尊之为“神水”；又因此泉水质胜似玉液琼浆，故名“玉液泉”。苏东坡、黄庭坚等称此泉为天下第一泉。峨眉山一带盛产云雾茶，用玉液泉水冲泡云雾茶，茶汤清亮，清香扑鼻，入口甘爽。据现代测定，玉液泉水中锶、锌、偏硅酸的含量都达到了优质矿泉水的标准，而且含有微量的氡元素，有保健功效。又如杭州的虎跑泉水色晶莹，味甘冽而醇厚，历来被誉为西湖诸泉之首，被称为天下第四泉。虎跑泉之所以声名远扬，除了水质上乘，还与当地著名的龙井茶有关，龙井茶只有用虎跑泉水冲泡，才有汤绿、香郁、味甘、形美的四绝品质。“龙井茶叶虎跑水”，名茶甘泉总相随，历来被人们誉为西湖的“双绝”。

在泉的家族中，不仅有冷泉、温泉，还有一些神奇的泉。

贵阳市乌当镇南的山坡上有一叫“米汤井”的泉，泉池深、宽各一米许，半池“米汤”一年四季出水稳定，是附近村寨主要饮用水源。米汤的白色是地下水出露到地表，因外界压力降低不断溢出微细的气泡造成的。

在四川省自贡、巫溪，重庆市万县、奉节，云南省兰坪，西藏自治区芒康，有咸味的盐泉。在当地能见自然井、人工井、机井、输送盐水的管道、制盐的铁锅等开发盐泉的设施遗址。据史料记载，巫溪县盐泉早在东汉时期（1900 多年前）就已开发利用，曾有“一泉流白玉，万里走黄金。人事有因革，宝元无古今”的说法。

盐泉是地下水流经岩盐矿层（主要成分为 NaCl）时溶解了其中的盐，

巫溪盐泉（图片来源：网络）

巫溪盐厂用铁锅熬盐（图片来源:《中国图片》）

就成为盐度很高的咸水，这些咸水通过岩石裂隙或断层涌出地表，就形成了奇异的盐泉。

“关关雎鸠，在河之洲。窈窕淑女，君子好逑……”这首诗描绘的是陕西省合阳县东王乡，这里仅数平方千米的范围内，湖塘莲藕、水鸟游鱼、芦苇湿地，一派江南水乡风光。这里有七处泉水塘，水质清澈，水量稳定，冬夏水温变化在28℃左右；人们将其用于洗涤、沐浴和灌溉。用泉水浇灌农作物，有明显的肥效，故名“瀵泉”。瀵泉来自深部石灰岩层中的岩溶承压水，有肥效是因为在地下流动过程中，溶入了氮、钾和偏硅酸之类营养素之故。

在四川丹巴县边尔村的溪沟底有一“发酵泉”。从岩层断裂中涌出的泉水伴有串串气泡，水质清澈，口感如汽水。方圆数十里的人来这里取用泉水，用于和面烙饼、蒸馒头，蒸出的馒头白而筋道，口感极好。所以当地人称此泉为“发酵泉”。经化验，泉水中含有大量的二氧化碳和少量的氮、氧气体。

在台湾台南县白河镇东约8千米的关子岭北麓，有一“水火泉”。泉水从黝黑的岩石缝中涌出，水色灰黑，水温高达84℃。泉水流进一个小池里，冒起的烟雾高近一米，只要点燃火柴丢入池中，水面就会腾起火焰。因为泉水中能燃出火焰的奇观，被称为“水火泉”。有道是“水火不相容”，泉水怎么能点燃？原来，这是因为泉水中含有可燃性气体的缘故。关子岭地下水流经某种含油气的泥质岩层，在地热条件下，不断产生甲烷。甲烷溶入地下水随水迁移，尔后沿断层上升到地表。含甲烷的地下水露出地表后，因压力条件发生了变化，甲烷自水中逸出，点燃后呈现

“水火相容”的奇观。

此外，安徽巢县、无为县各有一处“笑泉”，当游人不声不响临近，泉水澄静如常，游人喧哗而来，泉水涌沸翻滚。湖南慈利有“雷声泉”，有一不大溶洞，每当雷声隆隆，泉水即潺潺流出，雷声不再，水流即停。四川广元县龙门山东北的陈家乡山中，有一“含羞泉”，当向水中投石，产生响声震动后，泉水俨如一位含羞的姑娘，掉头躲藏起来，泉水不再涌流。

这种时停时涌的泉，实为“间歇泉”（又称“潮汐泉”）。在岩溶区，有的大溶洞与泉口之间由一个能产生虹吸的管道联通，并存在隐蔽排泄口。通常大溶洞的汇水量小于虹吸管的排水能力。当声波（雷声、喧哗声）改变溶洞水面压力时，就会因引发虹吸效应而使水流涌向泉口。

湖南湘西洞口县桐山乡有一对鸳鸯泉，两泉并列相距不足三米，一侧为40℃以上的热水温泉，另一侧却是不到20℃的冷泉。云南腾冲也有这样的一双“姊妹泉”。说明泉水来自不同的源头和不一样的流通路径。

泉水的清澈、泉水的甘冽、泉水的柔美孕育了泉文化，为文人墨客抒怀激扬提供了素材。山东济南趵突泉对联写得最为巧妙：“佛脚清泉，飘飘飘飘，飘下两条玉带；源头活水，冒冒冒冒，冒出一串珍珠”，生动逼真地描述了趵突泉水的缥缈形态。元代书画家、诗人赵孟頫诗颂《趵突泉》：“泺水发源天下无，平地涌出白玉壶。谷虚久恐元气泄，岁旱不愁东海枯。云雾润蒸华不注，波涛声震大明湖。时来泉上濯尘土，冰雪满怀清兴孤。”被后人公认为咏趵突泉的代表作。

唐代诗人李绅曾在无锡惠山读书悠游，他赴京时作了一首《别泉台》，诗前小序说：“惠山书堂前，松竹之下，有泉甘爽，乃人间灵液。清鉴肌骨，漱开神虑，茶得此水，皆尽芳味也。”诗曰：“晴沙见底空无色，青石潜流暗有声。微动竹风含淅沥，细浮松月透清盈。桂凝秋露添灵液，茗折春芽泛玉英。应是梵居连洞府，浴石今化醴泉清。”平静清闲的心态中透出一丝依依不舍。近代民间音乐家阿炳（华彦钧）的《二泉映月》，如泣如诉地叙述一轮明月，倒映在波光微动的清泉之中，幽美宁静，充满诗情画意的绝妙景致，却传递出一些伤感。不同的时代不同的人，不同的心情，在同一个景点感受的反差竟是如此强烈。

因为有了泉，便有了许多石刻、碑刻、亭台楼阁、曲桥花榭，泉领衔

趵突泉的亭台（麻少玉　摄）

出一处处风光秀丽、文化氛围浓郁的佳境，令人流连忘返。

名泉成名胜，名泉成城名。我国有不少地方以泉为别称。如山东济南市和河北省邢台市都被称为“泉城”，福建省福州市被誉为“温泉之城”，甘肃省酒泉市被称为有“酒味”的“酒泉”，福建省泉州市被认为是“泉水之州”的“泉州”等。“泉”也丰富了中华民族的语言，诸如“滴水之恩，当涌泉相报”“文思泉涌”“泪如泉涌”等，言简意赅，寓意深刻。

温泉与地热

温泉就是泉水温度超过当地年平均气温的泉。通常以 25℃作为温泉的温度下限。

中国已经发现的温泉点约 3000 多处，是一个温泉资源大国。台湾、广东、福建、江西、云南、西藏、贵州等地区温泉较多，其中最多的为云南省，有温泉 400 多处，以腾冲火山区的温泉最为著名。

腾冲温泉数量多，温度高，富含硫质。在 79 个泉群中，温度在 90℃以上的有 10 个泉群。有些温泉接近或超过当地水的沸点。在青藏高原，不少温泉出露在海拔4000 ~ 5000 米的高处。一些著名的温泉所在地还建有疗养院，如北京小汤山、辽宁汤岗子和兴城、河南临汝、广东从化、陕西临潼、内蒙古阿尔山、江西庐山、云南腾冲、南京汤山，以及贵州息烽、绥阳、石阡和贵阳东郊等。

云南腾冲大滚锅热泉（倪集众　摄）

贵州绥阳温泉（毛德明　摄）

利用温泉的历史已很久远，据考证，陕西西安的华清池是一处历史悠久的著名温泉。华清池坐落于苍翠秀雅的骊山西北麓，历代王朝都视这里为休疗胜地。这里的泉水清澈，水温 43℃，水中含有多种对人体有益的微量元素，对多种慢性疾病有较好的疗效。西周时，周幽王就在此修建“骊宫”。秦始皇更偏爱这里的温泉，在这里建殿宇，砌温泉池，名曰“骊山汤”，享用温泉沐浴。唐太宗时期，在此建造了“汤泉宫”，唐中宗时更是大兴土木，将它扩建为一个以温泉为中心的“陪都”，改名为华清池。之后的唐玄宗每年都有好几个月在这里处理朝政，并与贵妃在这里演绎出了一段缠绵悱恻的爱情故事。白居易的《长恨歌》“春寒赐浴华清池，温泉水滑洗凝脂”更使华清池声名鹊起。北京也有许多温泉，小汤山曾建有专供慈禧太后沐浴的亭池。

温泉也有间歇泉，它们是与近期火山或岩浆活动有关的水热活动产物。世界上闻名的间歇泉主要分布在三个火山地区：冰岛、美国黄石公园和新西兰北岛的陶波。冰岛的间歇泉最为著名，有人调侃，冰岛不“冰”，应该改名温泉岛。美国黄石公园最大的间歇泉——“巨人泉”的活动周期是三昼夜，喷出的热水柱高达 40 米，温度达 94℃，游客们笑着说：“谁敢往开水里跳啊！”

在腾冲享受温泉足浴（倪集众　摄）

含有特殊的化学组分及气体成分，或温度较高的泉水被称为矿泉等，对人体有明显的医疗保健作用。李时珍的《本草纲目》对江西庐山黄龙温泉的记载：“庐山温泉有四孔，可以熟鸡蛋……患有疥癣、风癞、杨梅疮者，饱食入池，久浴后出汗，以旬日自愈。”矿泉浴，在医疗保健领域中已占有相当重要位置。矿泉浴的保健医疗功能，是因为矿泉含有特殊的矿物质和气体发挥了药物化学作用，以及水温、水压和浮力的物理治疗作用。

温泉的形成必须有热源、水源以及流动通道。有些温泉的形成与近期火山或岩浆活动有关。多数温泉，则是地下水经深循环由地温加热及水岩反应加热形成。

温泉的热源是地热。关于地热的来源，一般认为，地热主要来源于地球内部放射性元素蜕变的放热能，其次是地球自转产生的旋转能以及重力分异、化学反应、矿物结晶释放的热能等。在地球形成过程中，这些热能的总量超过地球散逸的热能，形成巨大的热储量，使地壳局部发生岩浆作用、变质作用。

科学家测算，地核的温度高达 6000℃，地壳底层的温度达 900 ~ 1000℃。地壳中 1 克花岗岩平均含有从铀蜕变而成的镭 3×10^{-12} 克，钍 2×10^{-5} 克；1 克玄武岩中含有镭 1.19×10^{-12} 克，钍 0.77×10^{-5} 克；1 克镭分解时每秒释放出 5.6×10^{-2} 卡热，1 克钍分解时每秒释放出 6.6×10^{-9} 卡热。不难计算出地壳中放射性元素蜕变所释放的热量。

地表常温层（距地面约 15 米）以下约 15 千米范围内，地温随深度增加而增高。地热平均增温率约为每下深 100 米温度升高 3℃。不同地区地热增温率有差异，接近平均增温率的称地热常温区。在地热常温区地下水与岩石会发生放热反应：$4FeS_2 + 11H_2O = 2Fe_2O_3 + 3H_2O + 8H_2S + O_2$。

高于平均增温率的地区称地热异常区。地壳板块边沿、深大断裂及火山分布带，是明显的地热异常区。地热异常区是研究、开发地热资源的主要对象。

中国的地热资源总量约占全球的8%，可采储量相当于4626亿吨标准煤。高温地热资源（热储温度 ≥150℃）主要分布在藏南、滇西、川西以及台湾。环太平洋地热带通过台湾，高温泉达90处以上；地中海喜马拉雅地热带通过西藏南部、云南和四川西部。西藏高温热田主要集中在羊八井裂谷带，其中藏南西部、东部及中部约有108个高温热田，是中国高温热田最富集的地带；云南是全国发现温泉最多的省，高温热田主要分布在怒江以西的腾冲—瑞丽地区，约20处；川西分布着8个高温地热区，为藏滇高温地热带的一部分。

西藏羊八井地热田（左：樊祺诚 摄；右：闫家泓 摄）

中国的中低温地热资源分布于松辽平原、黄淮海平原、江汉平原、山东半岛和东南沿海地区。主要热储层为厚度数百米至数千米的第三系砂岩、砂砾岩，温度在40 ~ 80℃。目前已发现高于25℃的地热温泉约2200个。从温泉出露的地理分布看，主要有四个水热活动密集带：藏南—川西—滇西水热活动密集带；台湾水热活动密集带；东南沿海地区水热活动密集带；胶东、辽东半岛水热活动密集带。从地质构造上看，中国地热资源主要分布于构造活动带和大型沉积盆地中。

依据温度高低，地热的利用在如下领域：200 ~ 400℃可直接发电及综合利用；150 ~ 200℃可供双循环发电、制冷、工业干燥和工业热加工；100 ~ 150℃可用于双循环发电、供暖、制冷、工业干燥、脱水加工、回收盐类及食品加工；50 ~ 100℃可用于供暖、温室、家庭用热水和工业干燥；20 ~ 50℃可供沐浴、水产养殖、饲养牲畜，以及暖棚蔬菜、花卉栽培和脱水加工等。

巧夺天工者非水莫属

风光秀丽甲天下的桂林山水、挺拔冲天的云南路南石林、满目孤峰的黔西南万峰岭、深坠宽阔的奉节天坑……大自然的旖旎和葳蕤，引来游人如织。还有那些呈现皱、透、漏、瘦，千姿百态的奇石，让人赏心悦目，回味无穷。

地质学家发现水在岩石孔隙、裂隙中渗透、淋滤和流动时，会与矿物、岩石之间发生物质成分的化学反应，这个过程会使原来的岩石面目全非，还会把反应的产物随水搬运到异地富集。研究水－岩化学反应对于探讨成岩成矿理论、环境评价和找矿实践都具有重要意义。

岩溶地貌的典范：桂林山水（麻少玉　摄）

岩溶地区的石峰（毛德明　摄）

岩溶地貌：水上石林（毛德明　摄）

皱、透、漏、瘦的各色造型石（毛德明　摄）

地表水的化学风化作用

氧化作用

在空气总体积中氧约占1/5，其中有1/3溶解于水中，所以干净的水富含游离氧，能使岩石中的低价氧化物转变为高价氧化物。如磁铁矿（Fe_3O_4）变成赤铁矿（Fe_2O_3）；赤铁矿在水的参与下，进一步水化转变为褐铁矿（$Fe_2O_3 \cdot nH_2O$）。

氧化作用可以使岩石中的C变成CO_2，所以黑色的煤层在地表呈灰色；菱锰矿（$MnCO_3$）变成软锰矿（MnO_2）；硫铁矿（FeS_2）变成赤铁矿（Fe_2O_3）等。

氧化作用向地表以下有一定深度极限，氧化作用能达到的深度称为氧化还原分界面。在界面之下将发生还原作用。度量氧化作用的强弱，即水介质氧化能力的大小，是以氧化还原电位（Eh）来表示的，单位是微伏（μV）。在地表 Eh 一般为 −200 ~ +500 微伏。

水解和水化作用

水是一种良好的溶剂，几乎所有的化学作用都在水中进行；水又是一种活泼的作用剂，能离解成 H^+ 和 OH^- 离子。在化学领域 H^+ 和 OH^- 离子浓度以酸碱度（pH）值表示。如：$2Mg_2SiO_4$（镁橄榄石）+ $8H_2O$ ═ $4Mg^{2+}$ + $8OH^-$ + $2H_4SiO_4$。镁橄榄石与水反应后，分解出 Mg^{2+} 和硅酸。在水的作用下，岩石中矿物发生分解称为水解作用。

原来不含水的矿物变为含水矿物，称为水化作用。如：$CaSO_4$（硬石膏）+ $2H_2O$ ═ $CaSO_4 \cdot 2H_2O$（石膏）。

阳离子带出（淋滤）作用

在各种酸的作用下，岩石中的金属元素 Li、Na、K、Ca、Mg、Fe、Mn、Cr、Cu 等与酸结合成化合物，被淋滤带走。水对岩石的风化过程往往是几种作用的综合，如淋滤作用使正长石变成水云母，再进一步变成高岭石，高岭石经过氧化水解成为铝土矿和蛋白石。这个过程即所谓的红土化作用。

岩溶区水的溶解与沉积作用

对石灰岩、白云岩、泥灰岩等碳酸盐岩类，水具有较大的溶解能力，尤其当地下水中含有 CO_2 或游离 HCO_3^-，对碳酸盐岩的溶解能力就更强。

CO_2 从大气进入水中形成碳酸（$CO_2 + H_2O = H_2CO_3$）；碳酸离解（$H_2CO_3 = H^+ + HCO_3^-$）；含有 H^+ 和 HCO_3^- 的水与石灰岩（$CaCO_3$）反应：$H^+ + HCO_3^- + CaCO_3 = Ca(HCO_3)_2$。

水带着 $Ca(HCO_3)_2$ 运移。所以在石灰岩地区能形成许多特殊的地质景观，如甲天下的桂林山水，光怪陆离的云南路南石林，满目孤峰的黔西南万峰岭等。地下水对可溶岩石的溶解破坏作用，称为溶蚀作用。

地下水在饱和状态下沿着石灰岩裂隙的水平方向溶蚀扩大，形成的洞穴称为溶洞。在石灰岩厚度巨大的地区，因地壳上升或地下水位向下迁移，会形成上下好几层洞穴。当溶洞相互贯通，地下水汇集畅流其中就成为地下河。有的地方地下河与地表的河是联通的，地下那段河就称为暗河。

地壳上升，潜水面下降，干涸的溶洞，最早是哺乳动物和古人类的居住场所，现代有的成为旅游景点，如著名的庐山仙人洞、桂林七星岩、贵州织金洞、宜兴张公洞等，有的被建成恒温的仓库、特殊工厂的车间及应用于战备的设施。溶洞在文化、经济、军事等方面，具有研究价值和实用价值。

地表水沿着石灰岩垂直的裂隙下渗，在地表形成凹地，垂直的裂隙被溶蚀扩大，若地下水的溶蚀作用已在地下形成空洞，造成空洞上覆岩层塌陷，称为漏斗。若漏斗的底部连着下面的溶洞，能把地表水转入地下，即成为落水洞。

规模巨大的漏斗落水洞组合，称为天坑。我国广西乐平发现有天坑群，号称天下第一、全球最大的天坑是重庆市奉节城南约 38 千米的奉节天坑。奉节天坑上口直径622米，下底直径522米，平均垂直高度 666 米，总容积 1.2 亿立方米。坑内四壁陡立，似斧劈刀削，坑底一条宽约 4 米的暗河，水清澈见底。

奉节天坑（麻少玉　摄）

富含 $Ca(HCO_3)_2$ 的地下水在运移过程中，当环境发生变化便会析出碳酸钙。在溶洞中我们见到悬挂于洞顶的圆锥体，称为钟乳石，就是地下水析出的碳酸钙。钟乳石的中心是空的，流经于其中的地下水一边使钟乳石继续长大长长，一边滴在洞底与钟乳石对应的位置上，沉淀出向上生长的碳酸钙锥体，形似竹笋而称为石笋。天长地久，钟乳石向下长，石笋向上长，终于携手相连成为石柱。它的化学反应式为：$Ca(HCO_3)_2 \longrightarrow CaCO_3\downarrow + CO_2\uparrow + H_2O$。

温度较高的温泉，在水岩反应过程中溶解了较多的矿物质，在泉口因温度降低，溶解物质便迅速沉淀，形成疏松多空的岩石，称为泉华。

地下水中溶解的铁、锰等矿物质，沉淀在岩石裂隙的壁上，形态似树枝，似草茎，称为模树石。

崖壁和溶洞中的石钟乳和石笋（左：毛德明　摄；右：麻少玉　摄）

溶洞里的石柱（左）和黄龙洞中的钙华（右）（麻少玉　摄）

水与人体健康

唐代杜牧唱道“京江水清滑，生女自如脂”，又有杜甫诗曰“三月三日天气新，长安水边多丽人。态浓意远淑且真，肌理细腻骨肉匀”，说的都是水土养人，丽人五冠秀美，皮肤细腻，身材婀娜，嗓音悦耳，是因为有了水的滋润。水的质量影响着生命的质量。

现代科学证实：人体内的水分，大约占到体重的 70%。其中，脑髓含水 75%，血液含水 83%，肌肉含水 76%，连坚硬的骨骼也含 22% 的水。

水！真不愧是人体最重要的物质组分。

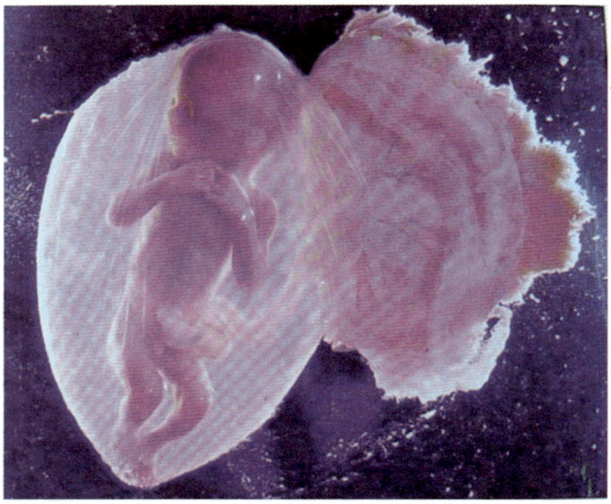

羊水中的胎儿
（图片来源：埃塞尔特《世界地图集》）

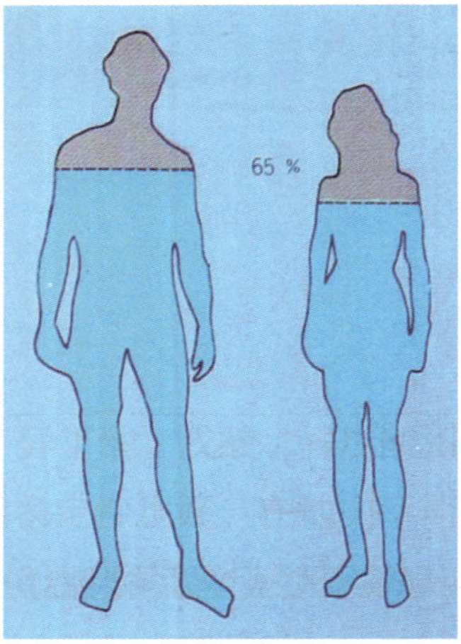

人体中的水量

生命离不开水

生命离不开水。我们知道鱼儿离不开水，鱼卵在水中孵化成小鱼，小鱼在水中长成大鱼；我们也知道鸟、鸡、鹅等，虽然不是生活在水中，但是它的卵（蛋）中有水（蛋清）滋养着生命，鸟、鸡的胚胎是在水中发育成长的。

人类也诞生于水的环境中。借助 X 射线透视技术，可以清晰地看到人类胚胎在饱含羊水的母体子宫里发育，羊水将子宫扩张使胎儿有伸伸胳膊蹬蹬腿的空间，并为胎儿避震。羊水能把胎儿的排泄物转移出去，羊水的量、颜色、清浊程度、成分等特征能表征胎儿发育状况，羊水还是胎儿迎接阳光途经产道时最好的润滑剂和消毒剂。

二十世纪六十年代，曾有一则报道：在苏达克海湾，俄罗斯妇女卡佳·巴格良斯卡娅挺着即将分娩的大肚子，挽着丈夫的胳臂谈笑风生地步入清澈温暖的海水。初升的太阳照在平静的海面，泛起粼粼波光，周围一片宁静。卡佳的心情很好，海水的浮力轻轻托起她，她觉得似乎处于失重状态，心旷神怡。奇妙的分娩过程就这样开始了：一个小生命悄悄地滑到海水里，像一条小鱼似的来到人间。卡佳安静地仰躺在海面上，刚刚来到人世间的婴儿，安详地躺在父亲的一双大手上。一切都显得那么自然，那么和谐。

又一则报道：1968 年，在法国蒙彼利埃市的一个游泳馆里，一个才九个月的婴儿突然一头栽进水里，一下子被水淹没了。巡视在泳池边的救生员慌忙跃入水中。可是，婴儿的举动却使救生员不再向前靠近，他呆呆地看着，婴儿既没有呛水，也没有惊慌挣扎，只见他在水中自由自在地玩呢！救生员看着看着似乎有所感悟。据说，从此他开始专事教练婴儿游泳的生涯。

据资料披露，1990 年苏联就有 300 多个婴儿游泳训练班；澳大利亚、挪威、日本的婴儿游泳训练班也是很热门的；法国、美国、德国的婴儿游泳“运动员”人数竟达到数万之众，每年还要举行声势浩大的婴儿游泳比赛呢！

婴儿游泳创造的成绩和当今奥林匹克记录相比也毫不逊色，德国一个年仅 18 个月的女婴，持续游泳 22 分 41 秒；年仅 20 个月的匈牙利男婴萨拉伊以优美的泳姿可以畅游 20 分钟。婴幼儿能有多大体力？何以能在水中持续运动这么长时间？那是因为人类是从水中来的，在水中的自如不亚于如鱼得水。

水是生命之本

骨骼支撑着人体，水维系着人体所有的组织。水充填了人体所有的空隙，大脑组织对身体脱水极敏感；血细胞循环完全依赖水，人体必需的蛋白质和酶只有在充足的水分中才能高速扩散和运转；水是可溶性物质（包括氧气）的溶剂，人体能量是通过水产生并传递的……人体内的水网像江河流域滋润土地一样，给人体输送营养，代谢废物，传递热量，润滑关节和眼球。一旦缺水，这些功能就会衰减。

医学家告诉我们：以口渴作为缺水的信息是不精确的，如果感到口渴了，身体已缺水 1% ~ 2%；当感到口干舌燥，皮肤起皱，意识不清，甚至幻觉，已缺水 5%；感到身体虚弱甚于饥饿，已缺水 15%。没有食物，人可以活较长时间（有人估计为两个月），如果没有水，顶多能活一周左右。人体缺水有多种信息反馈，譬如无缘无故地感到疲劳，因为水是体能的主要来源，缺水则体能下降，感觉昏昏欲睡，这是因为血液缺水导致血液循环不畅，大脑细胞水分不足引起的。脸发热或潮红，也是血液缺水的反映。酒精能使身体内水分亏损，喝酒后脸红说明血液缺水已影响到大脑，喝酒过量会感觉头昏、头胀甚至头痛正是这个原因。“脸红正喝得”，那是一种谬误。施救被封闭在矿井的人员，首先是设法给予通风和供水，随后才选择合理方案把人救出矿井。

人体生理循环需要饮水，沐浴同样离不开水。古人云“澡身沐德”，沐浴不仅仅是人类的清洁卫生习惯，还有文化、礼仪、信仰的内涵和保健的作用。

“桑拿浴”“土耳其浴”这些名称告示人们洗浴具有地域文化特色。我国川滇交界的泸沽湖畔纳西族，有男女老少同浴祈祷健康长寿的习俗。喜庆前夕或会见贵客，沐浴更衣是礼仪规矩。信徒去庙里上香拜佛或剃度前必须沐浴，这是对信仰的诚挚。

沐浴保健在我国很早就有研究和实践。中医擅长药浴，将中草药在水中浸泡 20 分钟后煮沸 30 分钟成药汤，再把药汤倒入 30 ~ 40℃的热水中。此水供患者沐浴 20 分钟即有疗效，称为烫浴；将中草药在水中煮沸以蒸汽熏病者患处，称为熏浴；将中草药用布包裹在水中煮热蒸透后，将药包熨贴于伤患处，称为熨浴。中医对药浴技高一筹，民间耳闻目染，药浴知识也得到普及。在洗浴过程中水与皮肤接触，清洁了皮肤，通过皮肤的毛孔，浴液与体液之间发生着置换反应，发挥了对人体理疗和保健的功效。

饮水与健康

日常生活中，可作饮用的水有井水、泉水、自来水、矿泉水、矿物质水、纯净水、蒸馏水，哪种水对健康有利呢？得从水的化学性质和物理性质去判别。

从理论上说，理想的饮用水应含有人体需要的微量的钾、钠、钙、镁、硅、锶、锌、硒、锂等矿物质元素，水的酸碱度（pH 值）在 7 左右，即弱酸性或弱碱性，不含或极少含微生物（细菌）和放射性元素。水的物理性质：清澈透明，无悬浮物和沉淀物，无色无味，口感纯正、甘甜、舒适爽口。

最优质的饮用水

最优质饮用水——矿泉水应当排在第一位，饮用矿泉水可以同时获得水中的无机盐和微量元素，补充人体所需。商品矿泉水是由泉水或从机井抽取的地下水经过过滤、净化消毒灭菌的洁净水，包括灌瓶、封口、包装等整个过程是在空气净化的全封闭无菌室内进行的。矿物质水是在纯净水中按相关比例添加矿物质，由人工配置而成的“矿泉水”，水质也符合国家饮用水标准。

最经济的饮用水

自来水和井水是最普通的饮用水。在生态环境良好无污染地区的水井，以及新疆坎儿井的水，无疑是很好的饮用水。不过，对于自来水，人们对水有“药味”而“心有余悸”。其实，标志着现代科技水平的自来水工艺，能把源水中的各种危害人体的杂质、重金属元素和微生物等去除，达到安全饮用的纯净程度。原则流程为：源水→加入聚合氯化铝、硫酸铝、三氯

可即饮的自来水（毛德明　摄）

化铁等水处理剂→混合、反应→沉淀→过滤（过滤后水中已去除前面加入的水处理剂）→加入液氯消毒→泵送用户。液氯与水反应生成次氯酸能在微生物（细菌）体内产生氧化作用，破坏其酶系统而致其死亡。工艺指标要求液氯的作用要保持到输水管道的末端，即用户的水龙头，以控制细菌繁殖和预示水质污染。所以，新鲜自来水会有“药味”。自来水工艺并没有破坏源水中含有的对人体有益的矿物质。

直接饮用有“药味”的水确实口感不好，但是只要经煮沸，其中的氯就挥发了，所以凉开水就没有药味。用凉开水煮饭、煲汤，会使米饭更香，汤味更纯。符合国家标准的自来水不会危害人体健康。不久的将来，自来水新工艺能使自来水不再有“药味”，拧开水龙头就可以直接饮用。发达国家已基本做到了这一点。我国的一些大城市也正向着这个的目标努力。

误导人的饮用水

纯净水，清澈透明，但长期饮用会不利于健康。因为纯净水缺乏生物体中的营养功能与生物活性。有三个实验可以佐证：

实验 1：苏联科学家用含矿物质分别为每升 0、50 毫克、100 毫克、500 毫克、1000 毫克的蒸馏水喂养小白鼠。五个月的喂养实验表明，饮用 50 毫克 / 升以下（软水）和 500 毫克 / 升以上（高硬水）的小白鼠生长和代谢功能都欠佳。其中喂用纯蒸馏水的实验组状况最差，它们的饲料消耗量、饲料中的能量消耗量、尿中排出矿物质的量均为最高，表明纯净水会加速体内矿物质和其他营养物质的流失。长期饮用纯净水的人会有发“软”的感觉，可能源出于此。

实验 2：我国科学家分别用自然回归水、纯净水、自来水、矿泉水喂养实验动物，发现无论是生长发育、抗病、抗应急能力，还是降血脂功能和新陈代谢，都以纯净水组最差，而以自然回归水组最佳。

实验 3：在饲料营养相同的条件下，分别用自来水、纯净水和自然回归水喂养的大白鼠，自然回归水组蛋白质生物学效价比自来水组高约 20%，而纯净水组比自来水组低约 10%。这说明纯净水不利于营养物质（蛋白质）在体内的利用和沉积。

从现代量子化学的观点看，水愈纯就愈容易靠分子间的极性作用串联成线团凝聚态结构，即成大分子团状态。研究表明，分子团愈大，水的生物活性愈弱。可以设想，如果江河里流的是纯净水，还会有鱼虾吗？

色彩纷呈的饮料

用柠檬酸作调味剂的各种果汁饮料，以其口感香爽，深受少年儿童喜爱。但是，这些饮料中含有色素、香精、苯甲酸钠和固型剂或防腐剂。甜味饮料的饮用也是值得警惕的。因为饮料中含糖量高并含有香精、色素、防腐剂等对健康不利的成分，长期饮用会影响消化和吸收功能，降低食欲。不但不能起到给身体“补水”的作用，还会导致热量过剩，刺激血脂上升，增加心血管负担。

咖啡是一种含有咖啡因的饮料，咖啡因会抑制大脑产生褪黑激素（褪黑激素能调节身体机能改善睡眠），饮用咖啡使人头脑清醒而成为一种时髦的饮料。但是，咖啡因也抑制大脑产生记忆的酶，甚至破坏记忆。

最讲究的饮用水——茶

史说清乾隆嗜茶成癖，在他八十五岁让位于嘉庆时，一老臣十分惋惜地说："国不可一日无君。"乾隆大笑曰："君不可一日无茶。"我国自古有一句俗语，说的是"开门七件事"：柴、米、油、盐、酱、醋、茶。饮茶在我国有悠久的历史，唐以前长江以南饮茶已相当普遍，不过那时习惯把茶叶和各种香料一起放入水中，采用煎煮方式调饮。

茶与水的关系至深，因为茶的色、香、味是由水体现的。面对一杯香茶，物质赋予的享受和由此所产生的愉悦感，是通过观、闻、尝来慢慢感悟。杭州西湖龙井处有一间名为"秀翠堂"茶室，门前有一副茶联："泉从石出情宜冽；茶自峰生味更圆。"把龙井的茶、泉、情、味都点化其中，让人心生向往。如果水质欠佳，在品茶时既闻不到茶的清香，又尝不到茶的甘醇，也看不到茶汤的秀色和茶形的变幻，给人带来的将是失望和失落。也就失去了饮茶尤其是品茶给人带来的物质的享受、精神的舒畅和文化的品味，失去了品茶的意义。明代许次纾在《茶疏》中说："精茗蕴香，借水而发，无水不可与论茶也。"所谓"扬子江心水，蒙山顶上茶"；"龙井茶，虎跑水"，说的就是这层意思。

《煎茶水记》引述了"楚增"《煮茶记》记载的一个故事：唐大历元年（公元 766 年），御史李季卿出任湖州刺史，路过镇江，正逢茶圣陆羽逗留镇江大明寺，便相邀同舟赴郡，船抵扬州驿时，泊岸休息。御史对用扬子江"南零水"煮茶早有所闻，又知陆羽善于品茶论水。即时，提出取南零水煎茶。谁知当日风急浪大，当时南零水位于长江江心漩涡之中。军士提瓶取水而归，请陆羽试茗。哪知陆羽说，此水"似临岸之水"。军士分辩不曾虚假。陆羽将瓶中之水倒掉一半，说"这才是南零水"。军士闻其言，不禁大惊，于是从实相告：原来因江面风浪大，靠岸时因小船颠簸，瓶水晃出大半，就在江岸边将水盛满。对此，李季卿佩服不已。

为什么扬子江南零水如此好？原来，南零水是泉水，位于江苏镇江金山寺外。唐宋时，金山还是"江心一朵芙蓉"，江水自西而来，受到江中金山的阻挡，水势曲折涡漩，从而分为三泠（南泠、中泠、北泠），而泉水就在中间的一个漩涡之下，名"中泠泉"，中泠泉宛如一条白龙戏水，自漩涡下源源不断地涌出，泉水晶莹透亮、甘甜清爽，特宜煎茶。由于泉水表面张力较大，水面可浮一枚硬币，泉水可高出杯口 1 ~ 2 毫米而不外溢，有“盈杯不溢”之说。被唐代品茶品水名家刘伯刍评为“天下第一泉”。

饮水的学问

喝水看似简单，其实其中大有学问。保健专家告诉我们，喝水不仅有季节、时间的讲究，对水温、喝水的量也有讲究。

清晨起来喝杯温开水可以补充因一夜睡眠代谢消耗的水分，洗涤已排空的肠胃，稀释血液，降低血液黏稠度，有利于预防心脑血管疾病，有助于湿润肠道和防治便秘；餐前半小时至一小时喝点水，水在空腹中约几分钟就被吸收进入血液，能增进食欲、辅助消化、促进营养成分的吸收。

污染之水贻害无穷

水对于生命是如此重要，是那么宝贵，确切地说，生命需要洁净的水，有利于健康的水。污染了的水，会对生命造成极其严重的危害。

世界卫生组织（WTO）调查显示，80% 的病人是因为饮用了不卫生的水。已发现大约 50 种疾病与饮用不卫生的水有关，例如，霍乱、登革热、丝虫病、盘尾丝虫病、锥虫病、小儿麻痹症、阿米巴痢疾、黄热病等。联合国 21 世纪水资源委员会指出，目前全球有 10 亿人根本无法得到清洁的饮用水，有 20 亿人正在饮用达不到卫生标准的水。

1993 年发现，孟加拉国萨姆达的一个村子出现一种怪病，起初是村民的肩膀、双肘起黑斑，随后黑斑肿胀，手掌与脚心生出黄豆大的瘤子，不能站立，眼睛如芒刺针扎，呼吸困难。当地称这种病为“蛇皮病”，医生们束手无策。二十年后才发现这个村子的井水含砷极高，每升井水中砷含量竟达到 1000 ~ 2000 微克（世界卫生组织规定，饮用水含砷应小于 50 微克 / 每升）。“蛇皮病”实际是皮肤癌症，是摄入高砷井水及含砷食品所引起的。井水含砷为什么会那么高？原来政府为了解决民众吃饭问题，打了几万口数十米至百余米深的水井，抽水灌溉高产水稻田。萨姆达地区的岩层中有较多的雌黄（As_2S_3）、雄黄（AsS）、毒砂（FeAsS）等富含砷的矿物，水井凿穿岩层，含砷矿物氧化、分解，砷元素溶解入水中。被污染的水进一步污染了土壤和农作物，最终村民患上皮肤癌。

在我国黔西至滇东北一线是地氟病高发区，氟中毒是一种全身性慢性疾病，早期表现为疲乏无力、食欲不振、头晕、头痛、记忆力减退等症状。过量的氟进入人体后，病情表现为牙齿生锈（氟斑牙），骨质疏松。氟骨症表现为腰腿痛、关节僵硬、骨骼变形、下肢弯曲、驼背，甚至瘫痪。妇女因骨盆变形而造成难产。调查研究发现，致病的原因是这一带的煤系地层含氟比较高，在煤矿开采过程中，煤层中的氟污染了地下水；堆放于地表的煤、煤矸石中的氟经雨水淋浸，流入溪沟、河流，污染了地表水。

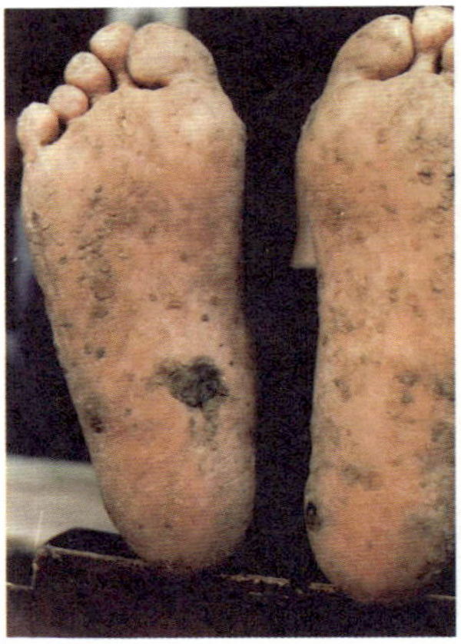

砷中毒引起的皮肤癌
（图片来源：郑宝山）

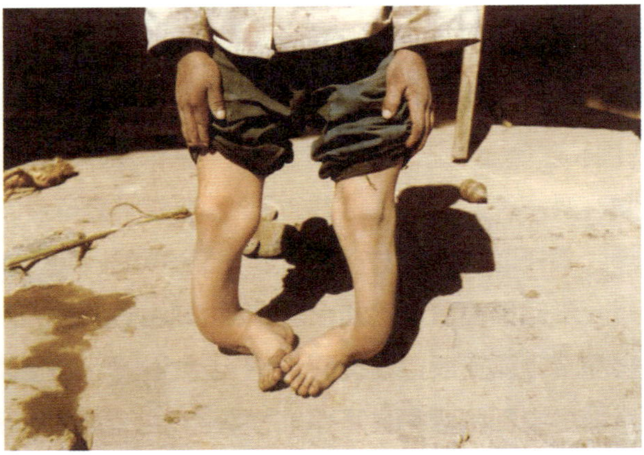

氟中毒引起的骨骼变形

水资源及水资源保护

如果在二十世纪七八十年代，说水是一种资源，或许有人会嗤之以鼻，或许会遭到“痴人说梦”的嘲笑。可是经过几十年的发展，全世界的人都知道这是一句“醒世恒言”。

水资源

联合国将“水资源”定义为:“作为资源的水应当是可供利用或有可能被利用，具有足够数量和可用质量，并可适合对某地为水的需求而能长期供应的水源。”定义明确了作为资源的水，不仅有数量与质量的要求，还应当具有可利用性与时间上的长期性。水资源同其他资源相比有其特殊性：一是水资源的不可替代性；二是水资源可以通过自然循环获得再生；三是水资源质量与数量的敏感性。水资源还有其他资源不具备的三大基本功能，即恢复功能、调节功能和重复利用功能。恢复功能表现在自然存在的过程中，譬如江河在流动过程中水质的自然净化，流域范围内水量的稳定性等。调节功能与重复功能则在被利用过程中显示出来。譬如，南水北调、利用水库蓄水等体现了水可调节的功能；而水的可重复利用则体现其重复功能。水资源的恢复功能与调节功能受制于流域的气候、地理与地质条件。

下表列出了地球所有的水，可以帮助我们了解究竟有多少水符合上述水资源定义。

地球上各种水体拥有的水量

水体种类	水总储量（$\times10^{12}$ 立方米）	百分比（%）	咸水（$\times10^{12}$ 立方米）	百分比（%）	淡水（$\times10^{12}$ 立方米）	百分比（%）
大气水	12.9	0.0009			12.9	0.0368
海洋水	1338000	96.538	1338000	99.041		
河流水	2.12	0.0002			2.12	0.0061
沼泽水	11.47	0.0008			11.47	0.0327
湖泊水	176.40	0.0127	85.40	0.0063	91.00	0.2598
土壤水	16.50	0.0012			16.50	0.0471
生物水	1.12	0.0001			1.12	0.0032
冰川与永久积雪	24064.10	1.7362			24064.10	68.6973

续表

水体种类	水总储量（$\times10^{12}$ 立方米）	百分比（%）	咸水（$\times10^{12}$ 立方米）	百分比（%）	淡水（$\times10^{12}$ 立方米）	百分比（%）
永冻层中的冰	300.00	0.0216			300.00	0.8564
地下水	23400.00	1.6883	12870.00	0.9527	10530.00	35.0606
总计	1385984.61	100.00	1350955.40	100.00	35029.21	100.00

表中未包括地壳内部和地幔中所蕴藏的水，即活动于地壳和地幔中的各种地质流体。据 1986 年资料。

地球水的分布是不均匀的，表现在不同地域降水量不同，河流、湖泊、沼泽分布不均匀，地下水的分布也不均匀。

全世界水资源最丰富的国家有：巴西、俄罗斯、加拿大、美国、印尼和中国。而按人均水资源占有量排序：加拿大人均有 130080 立方米的水，巴西人均有 42210 立方米的水，印度尼西亚人均 18990 立方米，美国人均 13500 立方米，日本人均 4720 立方米，印度人均 2630 立方米，中国人均 2474 立方米。中国人均占有水资源量只有全球人均水资源占有量（9360 立方米）的四分之一。

中国的水资源

中国究竟有多少水资源？专家们依据相互循环的降雨量，河流、湖泊径流量，地下水储量等计算出：多年地表水资源量为 27115 亿立方米；多年地下水资源量为 8288 亿立方米；扣除重复量，全国多年水资源量为 28124 亿立方米。按这个数字来说，中国水资源位居世界第 6 位，但人均占有淡水量为美国的五分之一，位居世界第 109 位，是全球 13 个贫水国之一。

中国有 18 个省（市、区）人均占有水量低于全国人均水量。人均水量少于 2000 立方米的地区，国际社会称之为严重缺水边缘。中国有 9 个省（市、区）人均占有水量为 500 立方米，600 多个城市中，严重缺水的为 108 个。

中国水资源与土地资源分布存在明显的不匹配：长江流域及其以南地

区有全国 81% 的水资源，而土地仅占全国的 36%，黄河、淮河和海河流域有着全国 36.5% 的土地，水资源却仅占 7.5%。

中国是世界上水能资源最丰富的国家，江河的水能资源理论蕴藏量有 6.76 亿千瓦，其中可供开发的装机容量为 3.785 亿千瓦，平均年发电量为 19200 千瓦小时，相当于 7.6 亿吨煤的能量。水能的优越在无废气、废渣排放及可再生，燃煤发电不能与之比拟。长江流域上游和西南各河流水能的蕴藏量占全国的 78%，可供开发的装机容量占全国的 67.8%。西部水能资源的优势成为“西电东送”决策的一个重要依据。

总体而言，我国客观上存在“资源性”缺水，又有因污染而造成的“水质性”缺水和措施不当造成的“工程性”缺水，这两类缺水主要是人为因素所主导。

水资源保护

生活在大城市的老年人有感觉，几十年来自来水的“药味”是愈来愈重了。难道“药味”与城市扩大、人口增长、经济发展呈正相关吗？问题的讨论涉及自来水的源水水质问题。我们首先想到的是母亲河长江、黄河。

长江

整个长江流域面积占全国可利用水资源面积的 54%，人口逾 4 亿。长江流域的 GDP 也正好占全国 GDP 的 54%。长江在国家经济建设中的地位是何等的重要。

1997 年新年伊始,《人民日报》和《中国环境报》等各大媒体曾分别披露，长江干流的城市江段，废水、污水排放量已占全国废水和污水总量的 42%。长江沿岸有难以计数的大大小小排污口长年累月把污水注入长江，来往于长江上的运输船舶也是不可忽略的污染源。十万余艘大小船舶年耗油量在 50 万吨左右，大多数船只未安装油污水处理设备，每年近百万吨油污水直接排入长江。

1998 年《人民日报》题为《污水大于天灾》的文章披露，长江下游河网地区的湖泊普遍富营养化，其中以巢湖、太湖最为严重；长江流域普遍出现排污口与城镇取水口互相交错的局面，有些地方自来水厂水源水域直接受到污染。

2004 年 10 月《保护长江万里行》一文称：长江干流有 60% 的水体受到不同程度污染，每年排入长江的污水达 256 亿吨。2005 年《北京周报》披露，长江的污染已引发湿地面积缩减，泥沙含量增加，水的天然自洁功能丧失，生态环境急剧恶化，以及物种面临威胁的严重局面。

2007 年 1 月新华网又披露了长江水利委员会水资源保护局的一份调查报告内容：从二十世纪七十年代末到二十一世纪初，长江流域的废污水排放量已从 95 亿吨增加到近 270 亿吨，年均增长量超过 15%。其中 1989 年约为 150 亿吨，十余年间长江流域废污水排放量增加了 80%。同年 5 月《经济论坛》报道，中国沿海 2005 年出现了 82 次“赤潮”；同年 6 月，赤潮在长江口附近水域扩散到 1000 平方千米，1200 多万条鱼儿死亡。为了保障安全，上海市有关部门发出规劝民众小心食用海鲜的警报。

以上各类报道说明，尽管水质恶化的势头有所遏制，但向长江排污的态势远未得到控制，长江水的污染依然严重。主要原因是混淆了污水处理“达标”的概念。譬如，化工企业排放污水的行业标准是 COD 浓度为每升低于 400~600 毫克（氧化有机物的耗氧量），而国家标准对地表水体排放的 COD 浓度必须每升应低于 40~60 毫克，两者竟相差整整十倍。污水处理达标的概念差异，使得河流、湖泊等地表水体仍然遭受污染。

企业的污水在处理达标之后，还不能直接排放到地表水体之河道、湖泊和水库中，而应该排入城市污水管网系统，须经过进一步处理达到国家标准后才能够排放。

黄河

黄河流域滋润着全国 15% 的耕地，养育着全国 12% 的人口。但是，据全国人大常委会水污染防治法有关执法单位在 2015 年 5 月 8 日至 5 月下旬对甘肃、宁夏等地实施水污染防治法的检查发现，尽管黄河流域各省区在治污与节水方面取得了明显的成效，但水污染形势依然十分严峻。七大水系中Ⅴ类水体占三成左右，水体已经失去使用功能，甚至达不到农业灌溉用水标准。被污染的河流长度竟占评估总河长的 71%。

一个已经过去的事件，现今仍然让人触目惊心！

1996 年《中国环境报》披露，河南省项城县丁集镇的楼房很漂亮，甚至有点富丽堂皇。走进丁集镇人的家，电器、音响几乎家家都有。然而，“生活”是富裕了，“质量”却下降了！这是怎么回事儿？

原来这“富裕”的小康生活是以环境为代价换来的：丁集镇拥有 800 家制革厂，占全镇 3.05 亿元总产值的 86%。然而，800 家制革厂就有 800 个污染源的污水流进大沟小河，臭气熏天的污水最终全注入了黄河。鞣皮使用的红矾等几十种有毒物质的污水渗入地下，严重污染了地下水。全镇所有的水井不得不全部弃之不用，镇政府院内一眼三百米深的机井成了三千多人唯一的生活用水源……

1996 年，黄河创下历史上最惊人的灾难纪录：下游十八段河床干涸，河水断流。山东滨州、东营市一带所有的自来水龙头前，都排起了长队。青岛、烟台等地区的工矿企业，因为缺水，一天亏损达上百万元。

二十世纪九十年代黄河断流
（图片来源：中国科学院地质与地球物理所）

黄河以断流告诫人们：黄河之水不是取之不尽用之不竭的！

黄河断流原因不外乎自然与人为两个方面，地球气候的变化使流域水循环失调，黄河水量有天然决定的丰水期、平水期和枯水期。黄河天然径流量年均只有 580 亿立方米，非汛期的来水量只有 230 亿立方米。据报载：二十世纪“引黄”工程在六十年代引水 24 亿立方米，七十年代为 68 亿立方米，八十年代为 100 亿立方米，1989 年达 163 亿立方米。1996 年全流域“引黄”水量已达到 270 亿立方米。

二十世纪末叶正逢枯水期，降雨量更趋减少，八十年代兰州以上河段的水量比六十年代减少了 5.6%，进入九十年代继续减少，仅三门峡水库的进水量就减少了 18%。更不幸的是自然因素之上又增添了人为因素：污染和调控的失误是不可忽视的。

相关链接

卫生部依据地表水水域环境功能和保护目标，按功能高低依次划分为五类：

Ⅰ类　主要适用于源头水和国家自然保护区。

Ⅱ类　主要适用于集中式生活饮用水地表水源地的一级保护区、珍稀水生生物栖息地、鱼虾类产场、仔稚幼鱼的索饵场等。

Ⅲ类　主要适用于集中式生活饮用水地表水源地二级保护区、鱼虾类越冬场、洄游通道、水产养殖区等渔业水域及游泳区。

Ⅳ类　主要适用于一般工业用水区及人体非直接接触的娱乐用水区。

Ⅴ类　主要适用于农业用水区及一般景观要求水域。

缺水及其对策

二十世纪初，全世界用水总量不过 4000 亿立方米，而 1985 年达 40000 亿立方米，整整增长了十倍；连水资源最丰富的巴西也有 1000 万人将生活在缺水地区。

二十世纪末，专家们已发出警报：即将到来的新世纪，不是一两个国家，也不是一两个地区缺水，而是整个地球将面临缺水的严峻局面。如果不采取措施，到 2050 年缺少饮用水的人数可能达到 20 亿之多。

人口的迅速增长是水荒的重要原因之一。人口增长了而地球的总水量没有增加，相反，因对水资源保护不够，随着污染的加剧使水资源的总量在不断下降。如今世界面临水资源缺乏的危险已不仅仅是“初露端倪”了。全世界总的水消耗量年增 2.5%，比人口增长率快一倍。未来三十年内预计将有 27 个国家被列入“水资源高度紧张”之列。

世界银行曾有过一个估算，中国 GDP 每年 9% 或 10% 的增长中，有两到三个百分点是以牺牲环境为代价的。中国政府明白这一点，为了合理开发、利用、节约和保护水资源，防治水害，全面规划、统筹兼顾，发挥水资源的多种功能，实现水资源的可持续利用，积极提倡保护水资源。为防治水污染，保护和改善环境，以保障人体健康，保证水资源的有效利用，促进社会主义现代化建设的发展，制定了适用于中华人民共和国领域内的江河、湖泊、运河、渠道、水库等地表水体以及地下水体污染防治的《中华人民共和国水污染防治法》《水环境质量标准和污染物排放标准》和《水污染防治的监督管理条例》。采取有效措施，保护植被，植树种草，涵养水源，防治水土流失和水体污染，改善生态环境；大力推行节约用水措施，推广节约用水新技术、新工艺，适应国民经济和社会发展的需要，2002 年 10 月 1 日起施行《中华人民共和国水法》。

2004 年中央政府在年末召开的经济工作会议中明确了 2005 年六大任务，其中之一就是提倡“实行清洁生产，推进循环经济”。

道路并不平坦，节约用水和治理污染已是刻不容缓。

水在成岩成矿过程中的作用

在近代科学萌芽阶段的十八世纪，地质科学领域曾有过一次“水火之争”。以德国魏尔纳为首的水成派认为，所有岩石都是从溶解在原始海洋中的物质沉淀分离出来形成的。以英国人哈屯为首的火成派则说，岩石中的矿物晶体可以说明岩石是高温熔融物质冷却成的。当时的激烈争论状况，可以从下述一个故事得到一点印象：在苏格兰爱丁堡一座小山上的古城堡下，召开了一次现场讨论会，两派各持己见，彼此指责和咒骂达到了白热的程度，最后拳脚相加互相殴打一场，才散了会。

地质学先驱们为认识大自然奥秘的执着确实令我们钦佩，正是他们的争论为地质科学的发展作出了开创性的贡献。

矿物中的水

颜色艳丽、透明度较好的玛瑙饰品不仅体现装饰美，还被认为能祈求平安。玛瑙是一种化学成分为二氧化硅的隐晶质矿物，硬度与水晶相同。当玛瑙中含有一颗灵动的水珠时称之为水胆玛瑙。矿物学界则称此为液相包裹体。色泽上好的水胆玛瑙，是价值不菲的摆件。其实不只是玛瑙，很多矿物中有水，岩石中也有水，因为矿物和岩石的形成离不开水。或者说，水参与了矿物和岩石的整个形成过程。

水胆玛瑙——鸡雏出壳（图片来源:《珠宝鉴定》）

矿物内部怎么会有包裹体

矿物是地壳中自然存在的由各种元素所组成的、具有一定化学成分和内部结构的物质，是各种地质作用的产物。包裹体是矿物在生长过程中所捕获而包裹在内的外来物体（可以是气体、液体、固体）。

包裹体是怎样被捕获的？怎样被包在矿物内的？

近代晶体物理学研究发现：矿物在结晶过程中由于种种原因，造成结晶构造的缺陷和窝穴，这些晶体的缺陷和窝穴即时被含矿溶液所充填，晶体的后续结晶作用又将其封闭在晶体构架中。所以，矿物包裹体的形成与晶体缺陷有密切关系，而包裹体的存在又会导致晶体产生新一轮的缺陷。

矿物在结晶过程中发生以下任一种情况，都可能在晶体内形成包裹体：①温度下降会使介质（溶液或熔融体）过饱和度增加，结晶速度也随之加快，介质中的质点快速而仓促地不断向“晶芽”上黏附，在结晶构架逐渐扩大的过程中，晶出后的残余溶液被捕获封闭在晶体缺陷和窝穴中；②晶体生长时在其不同方位存在介质浓度梯度差，晶面中心部位因相对地不能及时得到结晶物质就位而形成空腔，成为溶液充填的空间，再后被新的晶面封闭；③由于结晶过程中介质温度、压力以及成矿物质的供应发生阶段性的变化，甚至是脉动式的或间歇性的，使生长着的晶面产生大量缺陷被溶液充填，在后续的结晶作用中又被新的晶面封闭；④晶体生长过程中产生镶嵌、螺旋错位、随机去向等结构，在晶体构架中形成空穴，捕获溶液充填后又被新的晶面封闭；⑤有外来固相物质或杂质长入晶体，晶面的生长过程会受到阻滞，从而产生晶体缺陷。

晶体生长理论和实验表明，在从晶体内部到介质内部温度是渐升的“正温度梯度”条件下生长晶体，生长过程中晶体的生长面（固液界面）是光滑的、稳定的，很少有缺陷。如果晶体在过冷却介质即“负温度梯度”条件下生长，晶体与介质的界面是不稳定的、不光滑的，会产生较多凸起和凹陷。随着生长的继续，凹陷会捕获溶液，最后被晶面封闭。

包裹体的大小很悬殊，一般分为三类：宏观包裹体，大小在半毫米至十多厘米；微观包裹体，大多在十至几十微米，借助显微镜可观察；纳米级的超微观包裹体，需要用电子显微镜观察。

包裹体中的水是哪里来的

含矿热液中的水有：①来自岩浆的气水溶液冷却的水，还有，岩浆从1200℃冷却到 1000℃，1 吨硅酸盐物质能析出大约 6 千克水；②来自地下水，埋藏在岩石颗粒间隙和裂隙中的水；③来自海水，在大陆边缘及岛屿地区，海水可沿海底裂隙、构造变动带下渗，或通过岩石（层）的间隙扩散渗透；④来自变质水，即岩石在地壳深部因温度、压力升高，从岩石中的含水矿物分离出的水。据计算：1000 立方米的泥质岩中能释放出 1 亿吨的水；⑤还有来自地幔排气冷凝的水。

含矿流体热量可来自岩浆的烘烤、地热增温、放射性元素蜕变、深部火成热液的混入以及水 - 岩化学反应生成的热。

含矿热液中的矿物质来自何方

热液是一种溶剂，在地壳中受压力梯度、温度梯度、浓度梯度制约扩散、流动，一方面不断萃取岩石中的矿物质，另一方面也接纳来自岩浆、地幔水从深部带来的矿物质的混入，是一种富矿物质的流体。例如，当热液溶解了含盐岩层的 $CaCl_2$、NaCl、$MgCl_2$、KCl，就成为热卤水。热卤水中氯化物经水解，便形成酸性环境，又可使岩石中的铁转入溶液；它的化学反应式为：$Fe_2O_3 + 6HCl \longrightarrow 2FeCl_3 + 3H_2O$。

水解作用随温度升高而增强。当热卤水向地壳上部运动，在地壳中扩散、运移，并与周围的岩石发生化学作用，化学成分不断改变（如围岩为石灰岩，就会有 $FeCl_2 + CaCO_3 \longrightarrow FeO + CO_2 + CaCl_2$ 的化学变化）。在不同的矿床，这些水的化学成分是不一样的，它们可以为研究矿床成因提供成矿物质来源和过程的信息。

水与成岩成矿

如下页图所示，在断层破碎带的脉状、囊状矿体，在岩层之间的似层状、透镜状、豆荚状矿体，这些硕大的固态矿体并不是硬性楔入的，而是含矿流体扩散、运移、充填或与围岩反应形成的，是遵循物理化学规律发生结晶、沉淀、凝固作用的结果。可以从三个方面举例说明。

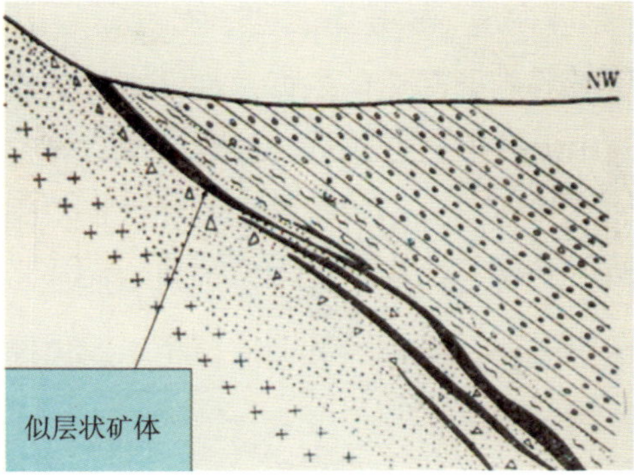

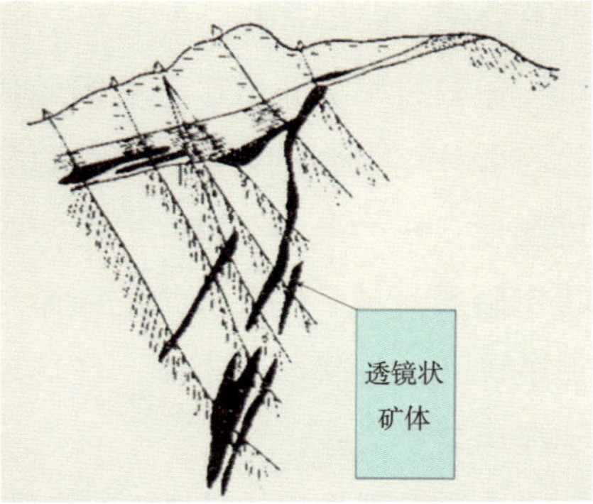

部分矿体的形态 （图片来源：某勘探报告）

热液成矿作用

成矿物质以什么形式存在

热液中含有成矿的物质，这些物质以什么稳定的形式随热液运移？这是矿床学家十分感兴趣的问题，诸如成矿的条件，热液的性质，元素、矿物的共生以及矿床的分带等。通过对许多矿床的研究发现，成矿物质以如下三种形式存在于热液中容易被搬运。

各种金属元素卤化物在水中的溶解度较大，特别是在高温的条件下；在火山喷出物中有 Fe、Sn、Bi、Pb、Cu 等可溶性的氟化物和氯化物；在一些矿床中有含氯和氟的矿物出现，如氯铅矿（$PbCl_2$）、萤石（CaF_2）、黄玉［Al_2SO_4（FOH）］等；在矿物包裹体中氯化物的浓度很高，有时还有 NaCl 的雏晶出现。依据上述现象矿床学家认为，卤族元素对成矿物质的搬运、富集可能起到一定的作用。但是主要在高温气化热液阶段。这是第一种形式。

大量的矿床研究证实，绝大多数金属原子，都可以构成易溶络合物的中心离子，而一些碱金属和碱土金属则构成络合物外面的阳离子，一些挥发分，如卤族元素、HS^-、S^{2-}、O^{2-}、CO_3^{2-} 等可以构成络合物的配位体。而且许多金属元素还能在不同性质、不同成分的溶液中，形成不同类型的络合物。络合物在水中的溶解度，比简单化合物要大几百万倍。金属元素呈络离子的形式能比较稳定地存在于溶液中。硫化物、硫氢化物络合物和氯化物络合物是热液中两种重要的络合物。此外，碳酸盐络合物、有机物络合物等，对于金属元素的搬运也起重要作用。这是第二种形式。

第三种形式是成矿元素呈胶体溶液的形式搬运。依据是许多金属硫化物在胶体溶液中的含量，比在真溶液中大一百多万倍；胶体溶液可以在任何温度、压力条件下产生；溶液中如果有硫化氢和硫化钠等存在，可以阻止电解质对成矿物质胶体的凝聚作用；在气水热液矿床中发现具有胶体构造的矿石。近代研究指出，在热液作用后期，温度较低的情况下，胶体搬运作用会更大些。

含矿热液运移的动力

虽然含矿热液的成因、成分、所处的地质构造位置各不相同，但是运移动力在以下几种原因存在共性。

处于地壳深部的热液，承受着上覆岩层的静压力。地壳运动使上覆岩层形成裂隙，由于压力差引起热液向裂隙运移。这个过程犹如在雨天行走，地面积水通过鞋底的裂缝浸湿了袜子一样。

雨水、海水以及浅部地下水，沿断裂破碎带下渗到地壳深处，当受到深部热源（岩浆热能、变质热能、地热增温）供热，水温升高，温度差引起对流循环；尤其从岩浆释放出的水，初始温度较高且含有一定量的挥发分，内应力较大，引起对流而且渗透对流循环能力较强。还有由于高水源的存在，在重力、压力差等作用下形成运移动力。

热液运移通道

热液运移通道主要是岩石的原生空隙和次生裂隙。

原生空隙包括岩石中矿物或颗粒间隙、岩层层间空隙、喷发岩的气孔和晶洞等。不同的岩石孔隙度大不一样，对热液运移有意义的是有效孔隙度，即单位体积内允许溶液流通的相互联通的空洞体积与岩石总体积之比。

液体在直径大于 0.5 毫米的空隙中，呈流动运移；在直径为 0.5 ~ 0.0002 毫米的毛细管空隙中运移，受表面张力和外界气体压力等制约；在直径小于 0.0002 毫米的亚毛细管空隙中，液体只能以扩散作用运移。

岩石形成以后产生的所有裂隙称为次生裂隙，可分为构造裂隙和非构造裂隙。构造裂隙是指地壳运动在岩层中产生的所有裂隙，包括各种断层、节理、岩层褶皱形成的层间剥离等，它对于热液的运移和矿质的沉淀具有更重要意义。非构造裂隙是指除构造作用之外的其他运动造成的空隙，如溶蚀作用形成的溶孔和洞穴，岩石体积膨胀或收缩产生的裂隙，崩塌角砾裂隙火山角砾裂隙等。

引起成矿物质从热液中沉淀出来的因素

含矿热液是一个复杂的多组分天然系统，如果在运移过程中外界物理化学条件在改变、与流经的各种不同成分的围岩相互作用、与不同成分和不同性质的水溶液互相混合等，热液本身的性质和成分也随之改变并引起一系列的化学反应。这样就促使热液中成矿物质的沉淀。

热液温度的降低会引起其中成矿元素的化合物或络合物溶解度减小，而硫化氢溶解度增加，S^{2-} 浓度增高，从而有利于硫化物的沉淀。它的化学反应式为：$Zn(OH)_2 + H_2S \longrightarrow ZnS$（闪锌矿）$+ 2H_2O$。

压力降低会影响热液中溶质的溶解度，引起热液产生“沸腾”作用，能使挥发组分从热液中逸出而促使某些含挥发分化合物分解。HF、HCl、H_2O 等的减少，使热液的 pH 值增高，搬运金属能力则降低。结果导致矿质沉淀。如：$Fe(HCO_3)_2 = FeCO_3$（菱铁矿）$+ H_2O + CO_2\uparrow$。

热液 pH 值变化往往是因为温度、压力变化和外来物质的加入引起的。许多络合物和易溶化合物趋于稳定的 pH 值范围一旦被破坏，就会发生分解和沉淀。热液中发生氧化 - 还原反应促使矿质沉淀。它的化学反应式为：$2Na_2HgS_2 + 2H_2O + O_2 \longrightarrow 2HgS$（辰砂）$+ 4NaOH + 2(S)$。

不同性质溶液的混合改变了热液系统的化学平衡状态，引起某些化学反应而产生矿质的沉淀。成矿物质从热液中沉淀的方式主要有两种。一种是热液在运移过程中与途经的围岩基本未发生化学反应，到了终点空间（裂隙或空隙），主要因为温度、压力的改变或还有其他因素的影响，成矿物质从热液中沉淀出来。有趣的是成矿物质的沉淀顺序是贴着裂隙两壁向热液内部生长，最发育的晶面朝向热液供应方向。形成的矿体与围岩的分界十分清晰，矿体的形状就是裂隙原来的空间形状。这种以充填方式沉淀，最后形成充填矿床。典型的例子见于湖南省桃林铅锌矿床。另一种是成矿热液在运移过程中与途经的围岩发生交代作用。即热液与围岩之间发生的一种置换化学反应。它的特点是：在交代作用过程中，围岩始终保持固体状态，其原有矿物的溶解和新矿物的生成几乎是同时进行的。交代作用前后岩石体积基本保持不变。这种沉淀方式就形成交代矿床。

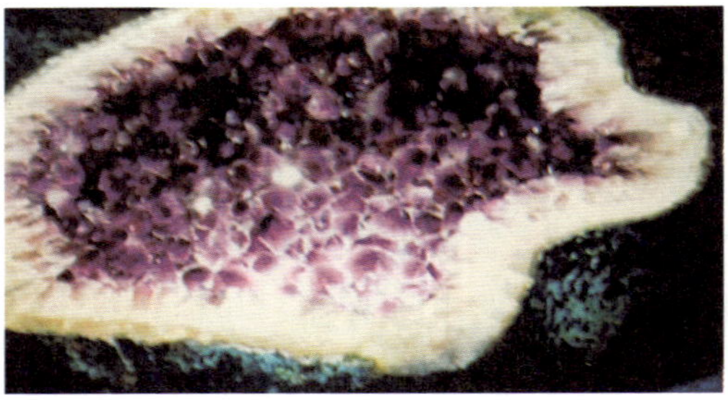

晶洞中紫石英晶体的生长
（图片来源：《矿床学》）

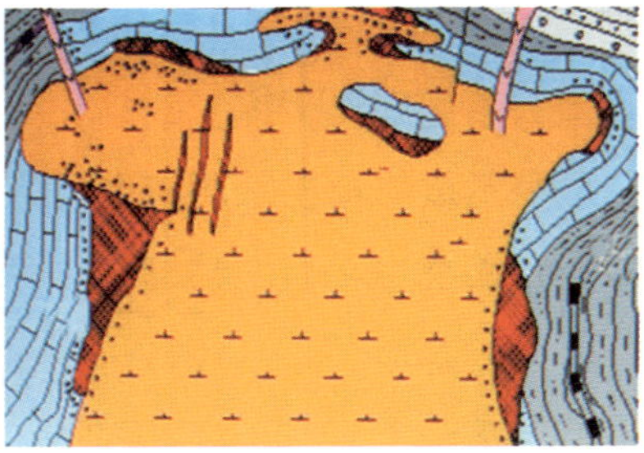

交代作用形成的矿体（红色部位）

交代作用形成的矿体边缘与围岩呈过渡关系，一般根据取样化验矿石品位确定矿体边界；在矿体中常有未被交代的围岩残余，仍然保持着原来构造方位，甚至矿体还保存有原来岩石的结构、构造特征；矿体中一些新生矿物晶形完整，有的还可以见到新生矿物保留着被交代矿物原有的晶形（假象矿物）。著名的云南省个旧锡石硫化物矿床是一个典型实例。

热液对围岩的蚀变作用

热液与围岩发生交代作用，使围岩中原有的一系列矿物，被新的环境条件下更趋稳定的新矿物取代，称为围岩蚀变。矿体围岩因经受蚀变作用则称为蚀变围岩。围岩蚀变作用并不局限于矿体周围，常远远超出矿体分布范围。蚀变围岩不仅在化学成分和矿物成分上发生了变化，在物理性质方面，如颜色、密度、硬度、孔隙度也与原岩大不相同。

影响围岩蚀变强度的因素主要有：原岩的成分，热液的成分、浓度、酸碱度和氧化还原电位，温度和压力。围岩蚀变的种类很多，目前通用蚀变作用所产生的主要矿物来命名，如绢云母化、绿泥石化、石英化等。也有以蚀变后的岩石命名，如云英岩化、矽卡岩化、青磐岩化等。这里选择两例介绍。云英岩化，是高温气水热液与花岗岩发生蚀变作用。整个过程使花岗岩中的碱性长石被白云母和石英取代。花岗岩变成了云英岩。

$$3NaAlSi_3O_8\text{（钠长石）} + K^+ + 2H^+ \longrightarrow KAl_2[AlSi_3O_{10}](OH)_2\text{（白云母）} + 3Na^+ + 6SiO_2\text{（石英）}$$

$$3KAlSi_3O_8\text{（钾长石）} + 2H_2O \longrightarrow KAl_2[AlSi_3O_{10}](OH)_2\text{（白云母）} + 2KOH + 6SiO_2\text{（石英）}$$

碳酸盐化，是最常见的低温热液与基性、中性火成岩发生蚀变作用。整个过程使火成岩中铁、镁硅酸盐矿物被铁、镁碳酸盐矿物取代。

$$(Fe\text{-}Mg)_2SiO_4(\text{橄榄石}) + 2H_2O + 2CO_2 \longrightarrow 2(Fe\text{-}Mg)CO_3(\text{白云石}) + H_4SiO_4$$

围岩蚀变是整个热液成矿作用的一部分，蚀变矿物与矿石矿物在成因上有着密切的联系。根据蚀变围岩化学成分、矿物成分的变化，分析成矿时的物理化学条件、成矿热液的性质等，为研究矿床成因，丰富成矿理论具有意义。

蚀变围岩的分布能指示矿化的范围，矿体的可能位置，还能指示地下盲矿体的存在。根据蚀变围岩的矿物组合、蚀变强度能预测矿产种类及富集程度。例如，云英岩化常伴生有钨、锡、钼矿化；青磐岩化常伴随有金、银、铜、铅、锌等矿化。所以蚀变围岩又是重要的找矿标志。

常温常压下水与成岩成矿作用

地表及近地表地下水对岩（矿）石的破坏与成岩成矿作用

与地下热液相比较，除了温度、压力不同外，地表及近地表地下水富氧、二氧化碳、有机质，还有生命活动参与水的地质作用。这些水是一种极为活泼的作用剂。在水的作用下，岩石中矿物发生分解（水解作用），如镁橄榄石（Mg_2SiO_4）分解出镁离子，原来不含水的矿物硬石膏（$CaSO_4$）水化成含水的石膏（$CaSO_4 \cdot 2H_2O$）。水中的碳酸、腐殖酸对矿物中阳离子的带出起到极为重要作用。其结果是阳离子转入水中，矿物自然分解。如伊利石变成高岭石，钾离子溶入水中。

地表水因所处流域地质背景、地球化学环境的不同，在成分、物理化学性质（pH、Eh）等诸多方面有较大差异，水对岩石作用的结果也不尽相同。总的来说水对岩石作用是有规律的，岩石成分（按氧化物表示）被水淋失顺序（活动性顺序）为：$Na_2O > K_2O > CaO > MgO > SiO_2 > Al_2O_3 > Fe_2O_3$。

暴露在地表的岩石，矿体经受着四季温度的变化，水、冰、风、生物活动等物理和化学的风化作用，被破坏、溶蚀和分解的岩石呈碎屑、真溶液和胶体溶液等进入水体。地表水中的矿物质主要来自母岩（矿）的风化产物。其次还有火山喷发物（火山角砾、火山灰等）和生物遗骸。风化作用的结果是：原岩（矿）的一部分物质残留在原地，一部分物质随水运移。

残留在原地的岩石，形成单矿物或含矿的碎屑层，当其中的有用物质含量达到工业开采价值时，就成为残积矿床。如著名的澳大利亚卡尔古利残积金矿床，金品位达到 30 克 / 吨。如果在风化过程中形成了难溶的表生矿物残留在原地，当其中的有用组分达到工业要求时，则称为残余矿床。例如，江西星子高岭土矿床就是典型实例。该矿床的高岭土是由花岗岩和伟晶岩中的碱性长石变成的。

对于一些尚达不到工业利用的矿化岩石或矿化体，在以水为主的化学风化作用下，一些有用组分随水原地下渗，可能在地下水潜水面与地下水停滞水带之间富集，形成淋积矿床。例如，金属硫化物矿床的表生变化。

如图所示，金属硫化物氧化带分布于地面至潜水面之间部位，即地表水渗透带。这个厚度取决于风化作用强度、潜水面深度、岩石的透水性及裂隙发育的程度。氧化带主要是由铁、锰氧化物及氢氧化物和黏土构成的“铁帽”；当下渗的地表水特别酸化时在“铁帽”下可能出现由孔雀石、石膏、石英等含氧盐和氧化物构成的淋滤亚带。

位于潜水面与停滞水带之间的次生硫化物富集带，是由矿床氧化带淋滤出来的金属硫酸盐渗透到潜水面以下，在还原环境中以交代矿体中原生

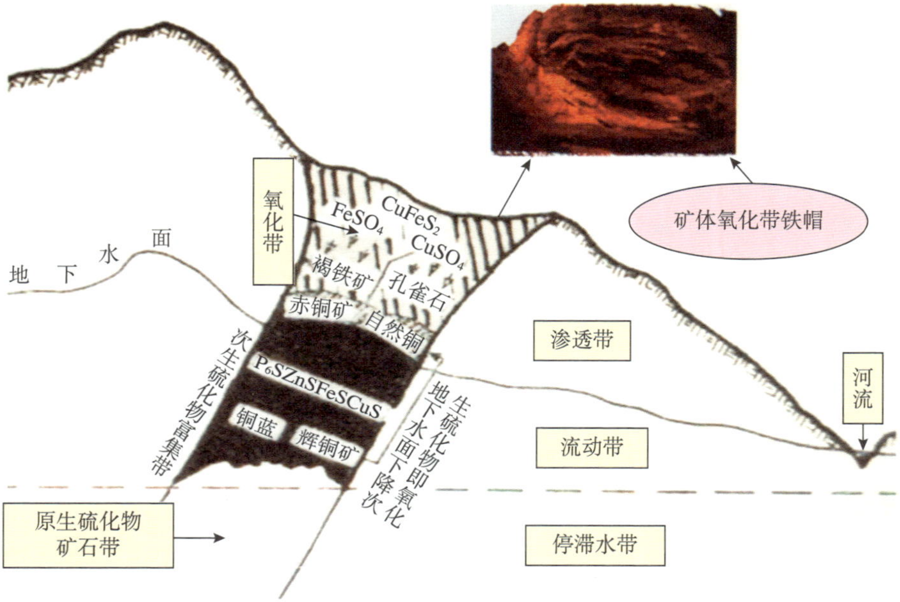

铁帽和硫化矿床次生富集带（图片来源：《矿床学》）

金属硫化物的方式，生成的次生金属硫化物组成的。于是原生矿石中有用金属的含量增加了，矿石的工业价值更高。甘肃省皋兰白银厂铜矿是一个很好的实例。

搬运和沉积作用

水对碎屑的搬运是水介质曳引力克服碎屑重力的过程，水介质的曳引力大小与介质密度、黏度、流速及水深有关。碎屑所受的重力取决于它的大小、比重（密度）和形态。因此，杂乱无章的碎屑经过一段距离的搬运后，被水介质进行了粒度、化学稳定性、磨圆度的分选，这个过程称为水的机械分异作用。

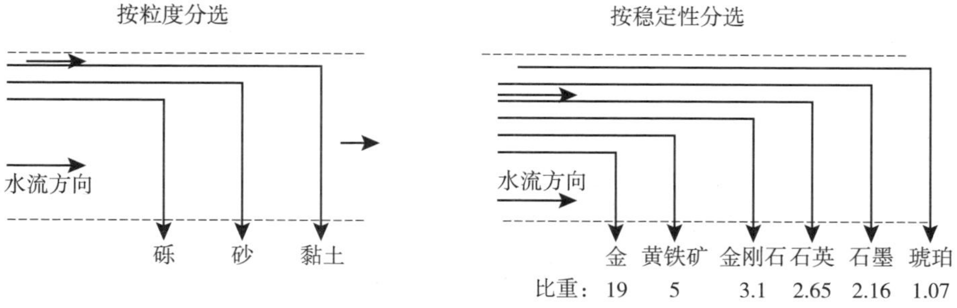

碎屑物质的机械分异

以不大的黄河支流窟野河为例。据水利部门数据，窟野河流域面积不足 9000 平方千米，水量仅 8 亿立方米，平均每年输入黄河的泥沙竟有 1.3 亿吨之多，比兰州以上河道的全部输沙量多出一半。又如无定河、径河等支流，每年平均含沙量也高达每立方米 139 千克至 171 千克，真个是“一杯水带走半杯泥沙”，河流的搬运能力竟如此之大。

我们见到过能作磨刀石、磨盘、建筑用的砂岩，就是由河流搬运的泥沙在水盆地（湖、滨海）沉积形成的。沉积成岩是一个复杂的过程。水成岩石最大的特点是具有层及层理构造，岩石中含有古生物化石。

从沉积岩石学角度来阐述：层或岩层是指具有基本均一的成分、结构、颜色和内部构造的地质体。“层”在空间上有一定的稳定性，是在较大区域内沉积环境基本一致的条件下形成的。层与层之间由层面隔开。

层理是为了进一步描述层的内部形态、组合方式的一个概念。对层理的研究重视厚度在几毫米至几厘米的细层，因为每一细层反映一个稳定的沉积环境和沉积条件。

水平层理的表现形式是多种多样的，有的是由颜色不一的细层组成，有的由矿物成分不同的细层组成，有的是由粒度不同的细层组成。水平层理形成于水介质平静的湖、潟湖和深海环境中。

波状层理表现为细层呈波状，是沉积物固结前被波浪振荡的结果。一般形成于波浪能波及的湖滨、海滨等浅水地带。

斜层理表现为由细层组合的层系有规律的斜交，是由一定流速的水流形成的不对称沙坡顺水流方向移动、重叠形成的。研究斜层理能判断沉积时水介质的流向。

沉积岩的层和层理（毛德明　摄）

物质从水介质中沉积之后的一系列变化，可以根据成岩地球化学环境和地质物理环境分为四个阶段：同生阶段，沉积物与底水尚未分离；早期成岩阶段，沉积物与底水脱离接触，颗粒间隙中的水仍处于自由运动状态；晚期成岩阶段，沉积物在静压力下持续被压固，密度增加而使“粒间水”成为不能运动的囚水。“囚水”是一种含矿物质的水，在成岩作用后期可能结晶凝固成为碎屑颗粒间的胶结物；后生阶段，指岩石形成之后的变化。

如果河流的上游有含矿母岩，有贵金属或贵重矿物晶屑进入水体，机械分异就可能形成有经济价值的砂矿。举世闻名的优质翡翠矿床就是冲积砂砾矿床和古冰川砂砾矿床。典型代表为缅甸北部乌尤河（亲敦江支流）流域，1870 年后为世人瞩目。又如湖南省沅水冲积金刚石砂矿床，金刚石多数为无色透明，晶形完整；黑龙江省富克山河的砂金矿床，因金的比重大，砂金富集地段常是河流的中上游，而且在河谷底部的砂砾层中最富集。69.75% 的砂金赋存于底部的砂砾层中。

以胶体溶液进入水体的矿质，是一些粒度在 1 ~ 100 纳米，表面离子化的带有正电荷或负电荷的微小粒子。胶体粒子的带电特性，是影响它在水介质中搬运和沉积的重要因素。譬如，带负电荷的黏土质胶体，对 K、Rb、Cs、Pt、Au、Ag、Hg、V 等具有很强的选择吸附能力；二氧化硅水溶胶能吸附放射性元素；铁的水溶胶能吸附 As、V、P 等；锰的胶体（$Mn[OH]_4$）可吸附 Ni、Cu、Co、Zn、Hg、Ba、K、W、Ag 等。

在搬运途中，多种因素能促使胶体聚沉。例如 $Al_2O_3 \cdot nH_2O$（+）和 $SiO_2 \cdot mH_2O$（−）两种胶体溶液汇合，就会形成 $H_2Al_2Si_2O_8 \cdot H_2O$ 沉淀。又如，有电解质（NaCl、$MgCl_2$、$CaSO_4$ 等盐类）加入胶体溶液，给溶胶粒子创造了吸引相反等价电荷离子的有利条件、胶体溶液因蒸发而浓度增加、溶液酸碱度的变化等。

江河的入海口发生大规模的聚沉，这是因为搬运介质中加入了大量的电解质（海水），汇合了大量的相反电荷的胶体。一般胶体物质的搬运只局限在某一水盆地周围一定距离的水系，也就是汇水范围内的物质被河水带入水盆地。

此外，可溶物质的搬运和沉积，还与介质的酸碱度、氧化还原电位、温度、压力及 CO_2 含量等有关。酸碱度对大部分可溶物质的沉淀有影响。如 SiO_2 的溶解度随 pH 值增加而增大；$Fe(OH)_2$、$CaCO_3$ 则相反，溶解度随 pH 值增加而降低。Eh 值主要对 Fe、Mn 等变价元素的溶解度有较大影响。铁和锰在氧化条件下多呈高价氧化物，如赤铁矿（Fe_2O_3）、软锰矿（MnO_2）；在还原条件下多呈低价化合物，如菱铁矿（$FeCO_3$）、菱锰矿（$MnCO_3$）等。碧玉岩和燧石岩是 SiO_2 胶体沉积成岩的代表。

以变价元素铁为例，Fe^{2+} 容易成为 $[Fe(HCO_3)_2]$ 进入溶液，而 Fe^{3+} 化合物难溶于水，但可成为带正电的 $[Fe(OH)_3]$ 胶体；铁也可以成为硫酸盐或氯化物被溶解。但是，在地表强氧化条件下，还原、酸性条件可促使铁溶解，反之则可促使铁沉淀。这两个因素对于铁的搬运和沉积起着重要控制作用。河北省宣龙式铁矿是一个很好的例子。

K、Na、Ca、Mg、Cl、S 等元素多呈离子状态溶解于水中，呈真溶液状态被搬运。据计算，每年从陆地带入海洋的易溶盐类达到 273500 万吨。盐类在地表的储蓄库主要是海洋，也有一部分进入了陆内闭塞的湖盆。这些随波逐流的溶解物质在水介质中的稳定性也有因素制约。首要的

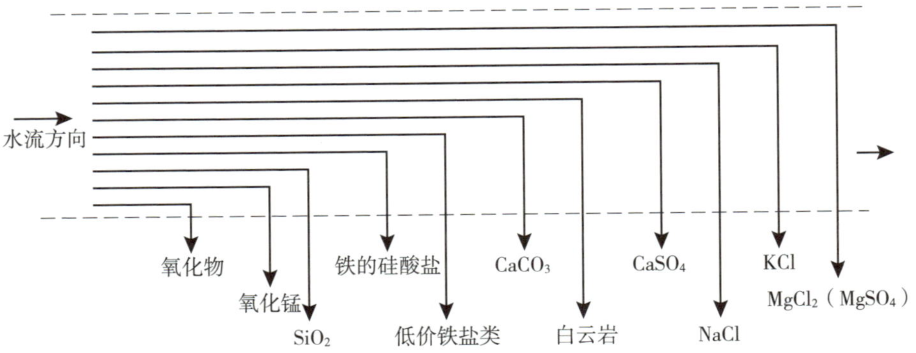

化学分异示意图

是该物质的溶度积，即当溶剂和温度一定时，其离子浓度的乘积是一个常数。这一数值意味着电解质在溶剂中的溶解能力。例如：在25℃时，氯化银（AgCl）的溶度积为1.56×10^{-10}，当溶液中$[Ag^+]$和$[Cl^-]$离子浓度（浓度以克离子/升计）的乘积等于或大于1.56×10^{-10}，则该溶液中就有氯化银沉淀析出。不同化合物的溶度积不一样。因此在搬运过程中的沉积会有先后。

一般情况下，溶度积愈大的物质愈难沉积，溶度积小的物质因易于达到饱和而先行沉积。溶解物质因为溶度积的差别而先后沉积的现象，称为化学分异。是否还记得盐桥上能跑火车的察尔汗盐湖？青海察尔汗盐湖钾盐矿床，是真溶液沉积的典型例子。这里年均降水量仅66.7毫米，而年均蒸发量高达2079.9毫米，日温差一般在18℃以上。

无机盐水成岩石可以石灰岩为例。石灰岩是重要的矿产资源，可用作建材、水泥原料、化工原料、化肥原料、炼钢熔剂、陶瓷、制糖等，又是石油、天然气和地下水的重要储集层。

石灰岩的主要矿物成分是方解石（$CaCO_3$），很纯质的石灰岩，理论化学成分为：CaO（56%），CO_2（44%）。多数石灰岩中还会有在沉积盆地中生成的其他碳酸盐矿物（白云石 [$CaMg(CO_3)_2$]、菱镁矿 [$MgCO_3$]、菱铁矿 [$FeCO_3$]、菱锰矿 [$MnCO_3$] 等）和硫酸盐矿物（石膏 [$CaSO_4\cdot2H_2O$]、硬石膏 [$CaSO_4$]）以及黏土矿物和陆源碎屑石英 [SiO_2]。

石灰岩中除了结晶的方解石（亮晶），常有大量的生物遗体及碎屑，如蓝绿藻、有孔虫、海绵骨针、苔藓虫、介壳生物等。因为生物在岩石中的含量和特征能反映岩石的形成环境，所以生物特征也被用于岩石命名，如

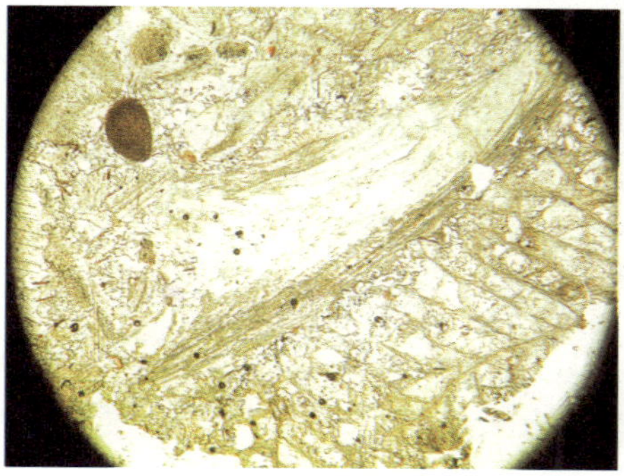

介壳灰岩

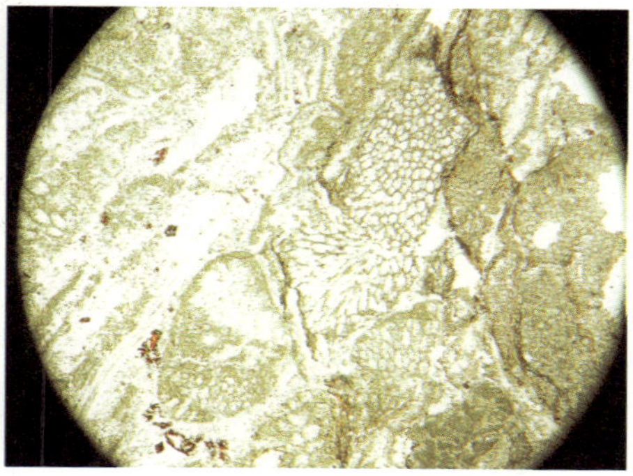

苔藓礁灰岩

（显微镜下照片，毛德明　摄）

介壳灰岩、海绵灰岩、礁灰岩等。如果石灰岩裂隙极少，厚度较大（成材率高），纹饰和颜色美观的可以锯成石板，一个面研磨抛光后在市场上被称为“大理石”。

石灰岩中还有在沉积水盆中形成的各种碳酸钙颗粒。如内碎屑是沉积不久的、半固结或刚固结的沉积物被波浪或流水作用打碎后再沉积的；鲕粒是在沉积水盆地高能量水环境中簇成的，一种粒径小于 2 毫米的球形或椭球形、由核心及同心层状外壳组成的碳酸盐颗粒；团粒是外形不规则的碳酸盐复合颗粒；生物颗粒是水盆地外搬运来的，但已经被磨圆等。这些特征能反映岩石形成时的水动力环境，所以也能参与岩石命名。如鲕状灰岩、核形灰岩、团粒灰岩等。

还有与颗粒相对应的碳酸钙灰泥（又称泥基质），岩石由微晶方解石组成，则称为泥晶灰岩。利用 $^{18}O/^{16}O$ 比值可以推测介质的盐度和温度，判别石灰岩是生物成因还是无机成因。

相关链接

大理岩是碳酸盐岩经受热后变质而成的一种变质岩，而市场上将凡是能磨出花纹的碳酸盐岩（不论是沉积成因或变质成因的岩石）统称为“大理石”。所以“大理石”只是一个商品名称，含义不同于专业名词“大理岩”。

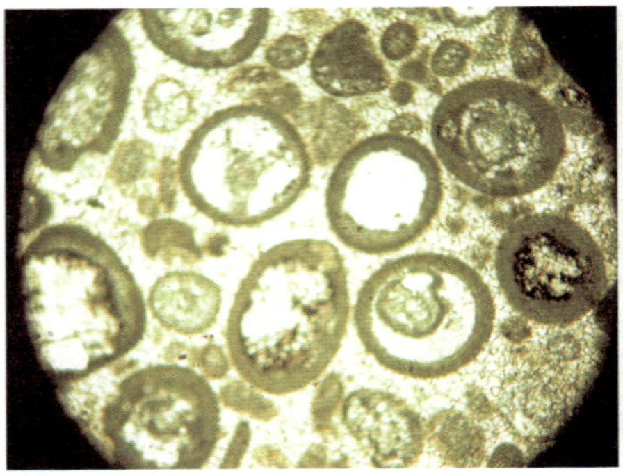

鲕状灰岩

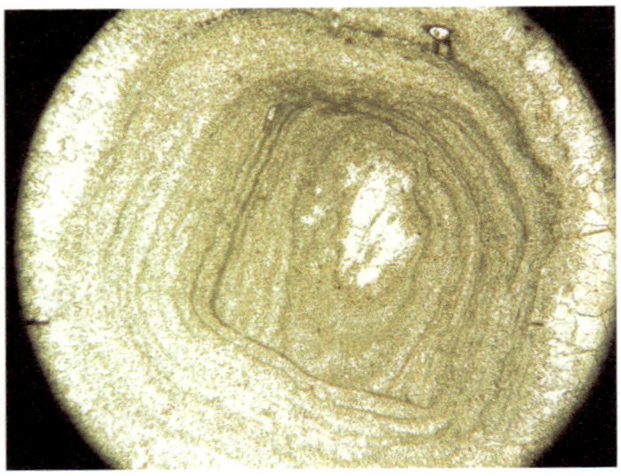

核形石灰岩

（显微镜下照片，毛德明　摄）

水在变质成岩成矿中的作用

已经存在的地质体（岩体或矿体）为了适应地壳内物理－化学条件的变化，在固体状态下发生结构、构造及矿物组成和化学成分变化的过程称为变质作用。变质作用的因素主要是温度和压力以及在整个变质过程中起了重要作用的水。

温度升高会导致原地质体发生变化

一些矿物发生重结晶作用，如石灰岩变成大理岩；一些矿物吸热变成较高温的矿物组合，含水矿物释放出结构水形成变质热液，如白云母［$KAl_3Si_3O_{10}(OH)_2$］脱水后变成刚玉和钾长石；一些矿物之间发生反应生成新矿物，如方解石（$CaCO_3$）和石英（SiO_2）反应生成硅灰石（$CaSiO_3$）。据研究，一般变质作用的温度在 200 ~ 800℃，超过 800℃就出现其他矿物了，当然岩石也变了。

地质体主要承受着两种压力

一是上覆岩体的静压力——负荷压力，是上覆岩体比重及厚度的函数。据地质体平均体重计算，从地表向下每深 1 千米，静压力增加 0.275 千巴（kb）。据试验模拟计算，变质作用的压力范围多在 1 ~ 8 千巴（kb），相当于 5 ~ 30 千米深度范围。在静压力下，地质体的孔隙度降低，比重加大，有利于生成分子体积（矿物分子量 / 矿物比重）较小的矿物。如红柱石（比重 3.1）变成蓝晶石（比重 3.6）。

二是地壳运动产生的定向压力——应力，导致矿物发生光性异常、形变甚至碎裂。如偏三方六面体的方解石变成鳞片状、云母片发生扭曲，以及石英被压碎。

以水为主具有化学活性的流体

在变质作用过程中虽然地质体保持固体状态，但总体还是有1% ~ 2% 的水和 CO_2 及其他易挥发组分存在。在较高的温度、压力条件下，成超临界状态，具有较大的活动性，在较低温条件下，则成一般的热液（变质水）。这种“水”活动于岩石的颗粒间空隙或裂隙中，形成弥漫于岩体的渗透流，由于密度和黏度都比较小，具有较高的渗透力，特别是当温度较高时更是如此。起着溶剂的作用，促进组分溶解，携带组分参与水化和脱水反应等变质作用的进行。实验证实，当具有化学活性的流体处于饱和状态时，花岗质岩石中的低熔组分在 640℃ 上下即开始重熔，但是在完全不含挥发分的条件下，同类岩石的低熔组分要在950℃时才开始重熔。

交代作用在原地质体的变质过程中普遍存在，在水岩持续反应过程中不断改变原岩及其矿物的化学成分和自身的成分。另一种活动形式是水中组分以离子或分子状态，在原地质体中由高浓度向低浓度扩散，作用的结果是使原来的非均匀系统向均匀系统转变。流体的成分随变质作用的进程也不断发生变化。例如，原地质体为沉积岩，岩体最初所含溶液的化学成分和海水基本相同，与沉积物之间并不处于平衡状态，所以在进入变质作用环境时，溶液与沉积物之间发生化学反应及相应的组分交换，一般达到中温变质条件时，溶液的化学成分已与相邻矿物之间处于平衡状态。研究表明，原地质体中被封闭的水转变成为变质水的过程中，成分变化的趋势是 Cl^-、Ca^{2+}、Sr^{2+}、Ba^{2+} 和 K^+ 增加，而 SO_4^{2-}、HCO_3^-、Na^+ 和 Mg^{2+} 则减少。

层控矿床可作为有变质水参与成矿作用的例子。层控矿床有三个特点：兼有外生和内生矿床特点，有矿源层，矿体常赋存于某一特定的岩性段中。

层控矿床是在成矿物质初步富集的矿胚或矿源层基础上，经过改造－叠加成矿作用形成的。改造－叠加作用又可以细分为：热液的、岩浆的、变质水的改造叠加作用。变质水对矿胚或矿源层中的成矿物质进行活化、转移、富集沉淀。例如，澳大利亚艾萨山铜、铅锌矿床，活性较大的 Cu^{2+} 由矿源层迁移到其上盘的硅质白云岩中富集成矿。

水的氢、氧同位素特征提供的成岩、成矿信息

地球化学家对不同水的氢、氧同位素特征进行了研究，指出由大气降水经深部循环加热的地热水、温泉、深成热卤水中，δD 值和纬度效应一致，$\delta^{18}O$ 值因温度，围岩的 $\delta^{18}O$ 值和水岩交换作用中水 / 岩的比值等不同则变化较大。热卤水的氢、氧同位素大致和大气水一致。根据岩浆矿物气液包裹体的同位素组成推断，岩浆水始终与高温岩浆保持化学和同位素反应及平衡。所以大多数火山岩和深成岩具有比较一致的同位素组成。

变质水是指区域变质作用时存在于岩石孔隙或与岩石伴生的水，变质水的同位素组成是通过矿物包体测温和平衡计算间接得出的。在 300 ~ 600℃变质温度下，变质水的 $\delta^{18}O$ 为 5‰ ~ 25‰，δD 为 −20‰ ~ −65‰，主要受原岩性质和变质温度控制。

来自地幔的与超基性岩平衡的水，称为原生水或初生水，由于温度很高，分馏系数 α 趋近于 1。根据幔源金云母的 D/H 比值估算，水的同位素组成接近岩石，其 $\delta^{18}O$ 为 6‰ ~ 8‰，δD 为 −50‰ ± 20‰。

火成岩

火成岩中角闪石、黑云母等含水矿物中氢含量较多。δD 值为 −30‰ ~ −180‰，与岩石类型及成因没有简单的明确关系。火成岩中氧同位素组成总的变化范围约为 $\delta^{18}O$ 5‰ ~ 13‰。它的变化趋势是从基性到酸性，$\delta^{18}O$ 值依次增大。其造岩矿物的 $\delta^{18}O$ 同样反映了与岩浆结晶分异顺序相一致的变化规律，即从橄榄石到链状辉石、层状云母、岛状长石、石英，$\delta^{18}O$ 依次升高。这种变化规律首先是与各矿物的结晶温度有关，温度越低，同位素分馏越强，$\delta^{18}O$ 越高，所以石英中 $\delta^{18}O$ 最高。未遭受后

期地质作用叠加的岩石中各种矿物的 $\delta^{18}O$ 值亦成有规律变化。幔源镁铁质岩石具有很窄的 $\delta^{18}O$ 值，一般为 5‰ ~ 7‰，与球粒陨石一致。

沉积岩

沉积岩中的氢、氧同位素组成主要受两种因素控制：一是水岩同位素交换反应，低温下分馏强，如碳酸盐岩、黏土岩具有较高的 $\delta^{18}O$ 和 δD 值；二是生物沉积岩中的生物分馏，往往造成岩石中很高的 $\delta^{18}O$ 和 δD 值。总体上讲沉积岩以富 ^{18}O 和 δD 为特征。

碎屑岩的同位素成分以石英为例，在搬运、沉积和成岩过程中砂粒石英的同位素交换很弱，不会改变原来的同位素组成，因此碎屑石英的 $\delta^{18}O$ 值可用来鉴别是火成成因还是变质成因。长石也有类似的情况。黏土岩或黏土矿物主要是硅酸盐矿物的化学风化产物，部分是沉积和成岩作用形成，同位素组成取决于黏土 – 水体系的平衡分馏，黏土矿物形成过程中介质水的组成和环境温度。

变质岩

由于变质岩原岩物质的多样性和变质作用温度范围的宽广性，其同位素组成变化范围也很大。各种含羟基矿物的 δD 可从 −30‰到 −110‰。在许多情况下和火成岩含水矿物和沉积黏土矿物的 δD 值重叠。变质岩的 $\delta^{18}O$ 也介于火成岩和沉积岩之间（6‰ ~ 25‰）。变质岩及其矿物的氧同位素组成可提供有关原岩性质、变质温度、矿物反应机理、流体相（水蒸气、CO_2）的来源和数量、同位素交换的程度等方面的重要信息。

相关链接

同位素分馏是指在一个系统中，某元素的同位素以不同比值分配到两种物质或物相中的现象。一种元素的各同位素由于质量差异引起物理 – 化学性质的不同，因此，较轻的同位素和较重的同位素会分别在不同的物质中富集。

水能载舟，亦能覆舟

《宋史·河渠志》曰：黄河随时涨落，所以举物候为水势之名：自立春以后，东风解冻，河边人候水，初至仅一寸，则夏秋当至一尺，颇为信验，故谓之“信水”。二月三月桃花始开，冰泮两积，川流猥集，波澜盛涨，谓之“洮华水”。春末菁芜华开，谓之“菜华水”。四月末麦垄结秀，擢芒变色，谓之“麦黄水”。五月瓜实蔓延，谓之“瓜蔓水”。邝野之地，深山穷谷，固阴冱寒，冰坚晚泮，逮乎盛夏，消释方尽，荡涕山石，水带矾腥，并流于后，故六月中旬后，谓之“矾山水”。七月菽豆方秀，谓之“豆华水”。八月菼乱华，谓之“荻苗水”。九月以重阳纪节，谓之“登高水”。十月水落安流，复其故道，谓之“复槽水”。十一月、十二月冰封水流，严寒冰厚，谓之“蹙凌水”。

水信有常，率以为准，非时暴涨，谓之“客水”。先贤把水的脾性都揣摸透了，在冠以每季水名称的同时告诫人们防范：春来解冻水要涨（小汛），夏秋水汹须登高（大汛）。

不过，上面只说到水的常规“一面”。其实水还有它的另“一面”，即有时水如“洪水猛兽”。试做如下剖析，以观其“水能载舟亦能覆舟”之“双重性格”。

水　灾

洪水（汛期）是超大量的降水在短时间内汇入溪谷、河流，一时间浊浪跃空，惊涛撕岸，水位以罕见的速度上升，洪峰像下山的猛虎，似脱缰的野马夹带着泥沙、石块，向下游咆哮奔腾而去，冲毁桥梁、道路，决溃岸堤，淹没田野、村庄、城镇，给人类造成灾害。

我国江河众多，流域面积在 100 平方千米以上的河流有 5 万余条，流域面积在 1000 平方千米以上的河流有 1580 条，流域面积超过 10000 平方千米的有 78 条。从 1892—1992 年的一百年间，长江曾发生特大水灾（特大汛）4 次，大水灾（大汛）16 次；“大小不论”平均 5 年一次。1954 年长江汉口站特大洪峰流量达 76100 立方米 / 秒，7 月到 9 月径流量达 6123 亿立方米，灾抵湖南、湖北、江西、安徽和江苏五省 123 个县。相同期间，黄河水灾也“毫不逊色”：发生特大汛 5 次，大汛 7 次，平均约 8 年一次。1935 年黄河特大洪峰流量达 14900 立方米 / 秒，水漫金山灾及江苏和山东两省 27 个县。

在一些水灾频发的地区，逃荒乞讨甚至成为人们习以为常的“传统”和“习俗”。在旧社会，安徽凤阳、河南黄河沿岸、江苏的苏北、湖北黄梅和江西九江等地，水灾年都会有灾民成群结队，形成季节性的“流民潮”。

洪水形成的原因不外乎暴雨因素、流域特征、河槽特性以及人为因素等。

暴雨及冰、雪

我国江河的洪水大多是暴雨引起，多发生在夏、秋季节，暴雨的强度大、持续时间长、空间分布集中。其次有积雪融水为主要来源而形成的融雪洪水。在新疆阿尔泰和东北一些地区，一般在四五月份，随着春季气温逐渐升高，各处积雪同时融化，形成融雪洪水。还有以冰川融水为主要来源所形成的冰川洪水。天山、昆仑山、祁连山和喜马拉雅山北坡高海拔地区有大面积的永久积雪和现代冰川，夏季气温高，积雪和冰川开始融化形成洪水。1961 年 9 月 3 日，新疆喀喇昆仑山的叶尔羌河上游发生的一次冰川洪水，最大流量达 6670 立方米 / 秒，为多年平均流量的四五十倍。黄河上游宁夏至包头段及下游兰考至河口段，松花江下游干流的通河以下河段，也曾出现过这种现象。江河中大量冰凌壅积成为冰塞或冰坝，“坝”内水位不断升高，当水压过大时便冲开冰塞或冰坝，形成历时很短而汹涌澎湃的冰凌洪峰。溃坝的发生和溃坝洪水的形成虽然历时短暂，却是危害特大的灾害性事件。

流域特征

流域特征体现在大江大河的流域面积、形状、坡度、河网密度、土壤和植被等。

长江流域面积约 180.85 万平方千米，黄河流域面积约 75.24 万平方千米。两条大河都有广大的面积接受降雨。我国的地形西高东低，地势高差悬殊，中上游多为山地，坡陡、土薄，尤其黄河流域植被零星，水土保持能力弱，只有小部分下渗为地下水，土壤和植被吸水量极少。雨水之大部分以地面径流由溪沟、小河汇入大河，河满而溢则泛滥成灾。

河槽特性

河槽断面和河槽坡降等称为河槽特性。在天然河道的某一段，洪水到来时流量增大水位相应升高，当洪峰到达时水量及水位达到最大值。洪峰过去后，水量、水位就会回落。这个过程说明，水位、水量随着时间的推移，有波状起伏的变化。这种水势的波状起伏可称为洪水波。洪水波从发源地向下游传播过程中还有流域支流的洪水汇入，水量不断增多。

长江从河源一路逶迤，当冲出横断山来到金沙江、雅砻江、大渡河时跌落了千余米，浩浩荡荡流经白帝城到达湖北宜昌时又下降了上千米，待到河口崇明岛，江面海拔高程总计下降3000多米。黄河从河源出发抵达内蒙古河口镇，河面海拔高程也下降了2000多米，待出龙门又下跌六百多米。两条大河从河源出发，流经上游、中游宽窄不同、深浅不等的峡谷，沿途不断接纳支流的汇入，到达河口都经历了总计3000多米的落差，而总水量增加了几十倍。两条大河流域的某一段一旦遭遇暴雨发生洪水，在重力作用下的洪峰必然势不可挡，凶如猛兽了。

暴雨之后小河也汹涌
（毛德明　摄）

暴雨之后洪水冲刷堤岸

人为因素

二十世纪下半叶以来，极端气候反复，造成水土流失，泥沙淤积导致河床抬升，河道变窄，蓄洪湖泊、水库容量变小等原因，更有甚者受经济利益驱使建造了有缺陷的堤坝工程（“豆腐渣工程”），或在河道内兴建房舍，助长了洪灾的肆虐。

1998年长江进入主汛期后，上游和中下游同时出现降雨，上、中、下游洪水并发，这是水灾形成的主要原因。但是对比历史水文记录，当年的洪水流量并不是历史的最大值。以宜昌为例，前三次洪峰通过时最大流量为56400立方米/秒，而水文记录中至少有23年最大洪峰流量超过6万立方米/秒。然而1998年的洪水却创下新的水位纪录，这与长期以来长江流域的生态环境遭到人为的破坏有直接关系。

众所周知，植被被称为“绿色水库”，具有涵养水的作用。一万亩森林的蓄水能力相当于一个蓄水量100万立方米的水库。金沙江、岷江、嘉陵江等上游地区，由于人为的破坏，降低了水源涵养能力，降水形成的地表径流导致了严重的水土流失，降低了河流的行洪能力。据调查，长江流域水土流失面积比二十世纪五十年代增加了50%以上，大量泥沙堕入江中，抬高了河床，加剧了河道和湖泊的淤积，形成高水位。具有蓄水调洪、调节气候、保持水土、净化水质、保护生物多样性等重要功能的湿地，由于围湖造田，面积不断减少，导致了湖泊萎缩和生态退化。洞庭湖水面减少了46%，鄱阳湖湖面缩小了40%，长江中下游地区湖泊丧失面积约12万平方千米，丧失率达34%，以致蓄水量越来越少，调洪能力越来越低。

雪　崩

在积雪的山地，由于积雪的内聚力、积雪与地面之间的摩擦阻力之合力与积雪的重力之间脆弱的平衡遭受了破坏。动物的奔跑、滑落的冰块、刮风及声波震动，都会在瞬间使重力超过上述的合力，促使堆积过厚的积雪重力克服内聚力和摩擦阻力，开始顺山坡向下滑动，而且还牵动周围的积雪下滑形成雪崩。与地面接触的积雪底部由于地温的影响，形成的松散白霜层对滑动起了润滑作用，增大了积雪下滑的速度。如果落差大，时速可达到400千米。据测算，高速运动的雪崩，冲击力可达40～50吨/平方米。1981年4月12日，阿拉斯加的三

雪崩时的气浪（图片来源：CCTV-9）

佛火山顶部冰川上，滑下一块体积约一栋房子那么大的冰块，落在下侧的雪坡上，造成数百万吨积雪高速下泄，彻底摧毁了沿途 13000 米地域内的地物。报道称，这次雪崩产生了长达 160 千米的粉末状雪云，是该地有史以来最为严重的一次雪崩。

在雪崩过程中，比崩塌的雪块更可怕的是雪崩体前的气浪。由于雪崩体从高处以极大的势能向下坠落或滑落，引起空气的剧烈振荡，能在瞬间形成一股气浪，雪崩体驱赶着它前面的气浪，这种气浪的冲击力比雪崩体本身要强大许多，类似核爆炸时的冲击波。气浪所到之处，摧枯拉朽，势不可阻挡，毁房屋，断树木，致人窒息。1970 年秘鲁大雪崩时，雪崩体在不到三分钟的时间里，以每秒 90 米的速度（约三倍于十二级台风的速度）奔袭了 14.5 千米之远，气浪把碎石岩屑卷上天空，骤然又叮叮咚咚地下了一阵闻所未闻的“石雨”。学界称此为干雪崩。

湿雪崩的危害性更大：在一次连续数天的降水之后，表层雪融水渗入下层并重新冻结，形成一层湿雪层；不同雪层间摩擦阻力的差异，引发了向下滑动而导致雪崩。湿雪崩在运动中雪崩体愈滚愈大，愈滑愈快，挟裹着树木和岩石，形成了更强更大的破坏力。

雪崩是水以固态形式造成的自然灾害，特别对雪地运动、旅游、考察以及当地山民是一种严重威胁。据统计，在山地探险中有三分之一以上的罹难者与雪崩有关。

雪崩也曾被作为武器用于战争。第一次世界大战期间，意大利和奥地利在阿尔卑斯山的特罗尔地区开战，交战双方用大炮轰击积雪的山坡，制造雪崩来杀伤对方。奥地利军官在回忆中感叹道：“冬天的阿尔卑斯山，是比意大利军队更危险的敌人！”

滑坡与泥石流

本来静止在原地的岩土体，由于降水或地下水，无论是自然的或是人为的，使岩土体发生位移甚至流动造成灾害。以下两种类型是为典型。

滑坡

滑坡是斜坡岩土体沿着贯通的剪切面所发生的滑移现象。滑坡的机制是某一滑移面上剪应力超过了该面的抗剪强度所造成的。滑坡使乡村的农田、房舍被摧毁，形成堰塞湖危及下游，果林、道路以及水利水电设施和城镇的供水、供气、排污管道等被毁坏，造成重大经济损失。特大型滑坡甚至给人类造成毁灭性灾害。

山体滑坡阻断高等级公路
（图片来源：GZTV-1）

2018 年 10 月金沙江西岸滑坡形成堰塞湖（图片来源：CCTV-13）

1985 年 6 月 13 日，笔者在武汉地质学院学习结束乘船返回重庆，船出宜昌不久突然停止不前，然后顺水返回，回到宜昌停泊已是子夜。船上的广播向旅客道了晚安却没说明返航的原因，让人费解而睡意逍遁。待到天色蒙蒙亮，只见江面有许多木梁、木棒、木板和塑料物件从上游满是油花的水面顺势漂来……直到正午 12 点才向重庆出发，当驶过前夜掉头处不久，隐约有摩擦之声，感觉船底似乎已触着江底。后来才知道，前日西陵峡内新滩北岸的姜家坡至广家岸发生了巨型山崩滑坡，滑坡岩体总量 1300 多万立方米，400 万立方米的滑坡岩体从 800 米的高处以泰山压顶之势冲向山下的新滩镇，这座拥有 457 户 1370 多人的古老集镇瞬间被全部推入江中化为乌有。200 万立方米的乱石排山倒海般地泄入长江。所幸，相关部门早有预警，在灾前政府已经安排小镇居民安全撤离。

滑坡还会造成次生灾害。1961 年 3 月 6 日湖南省资水柘溪水库工地，当时水库工程正值施工期间，在大坝上游右岸 1.5 千米处发生了大滑坡。滑体约 165 万立方米，土、石以 25 米 / 秒的速度滑入深 50 余米的山区水库，激起的涌浪漫过正在修建的柘溪水库大坝泄向下游，造成 40 余人伤亡。

形成滑坡的基本条件，一是地质地貌条件，二是内外营力（动力）和人为作用的影响。滑坡常发生在山势陡峻、沟谷河流遍布的山区。如果斜坡体前有滑动空间，两侧又有切割面，斜坡的物质组成是抗剪强度低的松散土层或半成岩土层，而且岩土体中存在着滑动面，那么在暴雨之后，由于水在滑动面上的浸泡，使其抗剪强度大幅度下降而容易顺着滑动面下滑。

降雨是形成滑坡的关键因素。降雨对滑坡的作用主要表现在：雨水的大量下渗，导致斜坡上的岩土体水饱和，增加了滑体的重量，甚至在岩土体下部的隔水层面上积水，起到了润滑作用，导致滑坡产生。不少滑坡具有“大雨大滑、小雨小滑、无雨不滑”的特点。

地震对斜坡岩土体的稳定性影响很大。这是因为地震的振动作用使斜坡岩土体的内部原有的结构面张裂、松弛，特别是地震引起地下水位的突然升高或降低，干扰了斜坡上岩土的稳定性。还由于强烈地震后伴随着多次余震，在地震力的多次振动冲击下，斜坡的岩土体容易发生变形，促成滑坡发生。

融雪、地表水的冲刷、浸泡，河流等地表水体对斜坡坡脚的不断冲刷；不合理的人类工程活动，如开挖坡脚、在坡体上部堆载、爆破、水库蓄（泄）水、矿山开采等都可能诱发滑坡。

我国在防治滑坡方面有许多工程措施，归纳起来可分为三类：

一是消除或减轻水的危害：①拦截、旁引滑坡区以外的地表水，避免它们流入滑坡区内；或尽快排除滑坡区内的雨水和泉水，阻止其进入滑坡体范围内；②疏通地下水以顺当排放；③防止河水、水库水对滑坡体坡脚的冲刷。

二是改变滑坡体的外形，设置抗滑建筑物：①削坡减重：常用来治理处于“头重脚轻”状态而在前方又没有可靠的抗滑地段的滑体，使滑体外形改善、重心降低，从而提高滑体稳定性；②修筑支撑物，去支撑可能滑动的滑坡体，以增加滑坡体的重力平衡条件。

三是改善滑动带的土石性质：一般采用焙烧法、爆破灌浆法等物理化学方法对滑坡进行整治。

泥石流

2010 年 8 月 7 日 22 时许，甘南藏族自治州舟曲县突降强暴雨，城北的罗家峪、三眼峪泥石流下泄，由北向南冲向县城，沿河房屋被冲毁，泥石流阻断白龙江，形成堰塞湖。据不完全统计，损毁农田 1417 亩，摧毁房屋 5508 间，20227 人受灾。

泥石流是斜坡上或沟谷中松散碎屑物质被暴雨或积雪、冰川消融水所饱和，在重力作用下沿斜坡或沟谷流动的一种重力流。特点是爆发突然、历时短暂、来势凶猛和巨大的破坏力，是一种有水参与的地质灾害。泥石流流动的全过程一般只有几个小时，短的只有几分钟。泥石流大多伴随山区洪水而发生，与洪水的区别是泥石流中含有足够数量的泥沙、石块等固体碎屑物，在流动中冲毁城镇房屋及其工程设施，破坏农作物、林木及耕地，淤塞河道阻断航运等，因此比洪水更具有破坏力。

泥石流的强度或破坏性与泥石流容量、流速、流量等有关，其中泥石流流量对成灾程度的影响最为主要。按泥石流物质状态可分为：①含大量黏土的黏性泥石流。特征是黏性大，固体物质占 40% ~ 60%，最高达 80%。其中的水不是搬运介质，而是组成物质，稠度大，石块呈悬浮状态，暴发突然，持续时间短，破坏力大；②以水为主要成分的稀泥石流，黏土

遭泥石流袭击后的村庄（图片来源：358.com）

含量少，固体物质占10% ~ 40%，有很大分散性。水为搬运介质，石块以滚动或跃移方式前进，具有强烈的下切作用。其中搬运物在堆积区呈扇状散流，形成“石海”。

形成泥石流的三个基本条件是：①地形，上游为三面环山一面出口呈瓢状或漏斗状，中游山高沟深坡降大，下游为开阔平坦山前平原或河谷阶地；②物质，上游地表岩石破碎，堆积有丰富的松散固体物质，为泥石流提供大量的物质来源；③短期内有突发性的大量水流来源，水既是泥石流的重要组成部分，又是泥石流的激发条件和搬运介质（动力来源）。泥石流的水源有暴雨、冰雪融水和水库溃决水体等形式。泥石流灾害的形成既有自然因素又有人为因素。

以舟曲泥石流为例，一种解释是：“八山一水一分田是舟曲县情的真实写照，地形、地貌、地质构造复杂，‘五一二’特大地震致使山体松垮，半年多长期干旱，加之瞬间性强降暴雨，是造成这次特大自然灾害的主要原因。”也有人认为：舟曲县是草木繁茂的地区，一般土质较为松散，的确较容易发生泥石流，但近年来全国各地发生的泥石流灾害都与人为有关，这次仍不排除是人为造成的。早在2005年，当地媒体曾报道舟曲县泥石流不断，原因是大量砍伐树木，使该县的森林面积在过去五十多年来，每年以10万立方米的速度减少，生态环境受到严重破坏。

我国川藏、川滇、川陕、川甘等铁路遭受泥石流灾害最为严重，占全国铁路总长20%，仅1981年，暴雨引起宝成铁路和陇海铁路宝天段暴发泥石流，造成了我国铁路史上最大规模的泥石流灾害之一。宝成线五十余处受灾，总淤积量达13000立方米以上，造成几处断道，中断行车达两个月之久。这次泥石流造成的经济损失没有确切的资料，仅灾害后的修复改造费就达四亿元。据《工程地质学》（何佩玲、张婷主编，2011年），1949年以来平均每年造成经济损失达四五十亿元。每年有近百座县城受到泥石流的直接威胁和危害；在我国的公路网中，仅川藏公路沿线就有泥石流沟千余条，先后发生泥石流灾害四百余起，每年因泥石流灾害阻碍车辆行驶时间长达一至六个月。泥石流还对一些河流航道造成严重危害，如金沙江中下游、雅砻江中下游和嘉陵江中下游，泥石流形成的堆积物是这些河段通航的最大障碍。泥石流还对修建于河道上的水电工程造成很大危害，据中国气象网云南站2014年7月31日披露，1987年云南省七千余座小水电站，因泥石流造成水库严重淤积，五分之一至四分之一的电站报废，造成巨大的经济损失。

泥石流灾情的经验教训告诫人类，在村庄、集镇选址和规划中，建筑物应避免沟口和泄水沟道、山麓扇形地。已经占据沟道的房屋应迁移到安全地带。在沟道两侧应修筑防护堤和营造防护林，不能把冲沟当作渣土、固体垃圾排放场。在雨季到来之前，最好能主动清除沟道中的障碍物，保持沟道有良好的泄洪能力；雨季不宜在沟谷中长时间停留，一旦听到上游传来异常声响，应迅速向两岸上坡方向逃离。

现代对付泥石流有一套办法。如修建桥梁、涵洞，从泥石流沟的上方修建跨越的工程；或从泥石流的下方通过的穿过工程；改善泥石流流势，增大桥梁等建筑物的排泄能力的排导工程；用以控制泥石流和暴雨、洪水径流，削弱泥石流的流量、下泄量，以减少泥石流对下游建筑工程的冲刷、撞击和淤埋等危害的栏挡工程。综合采用这些措施，有效地降低了灾害的危害。

地面沉降

我们生活的城市，高楼耸立鳞次栉比，车水马龙人流如潮，一派生机勃勃欣欣向荣景象。但是，很少有人意识到城市的地面下正发生着由人为因素引起的无声灾变，地面的海拔高程逐年下降。地面沉降是一种灾害，导致建筑物和城市基础设施的破坏，抗震能力降低，建筑物的服务年限缩短；损坏地下的输油输气、自来水、排污管道和威胁轨道交通安全；特别是滨海地区海拔高程低，造成海水入侵，使地下淡水盐碱化、土壤盐碱化；降低河道行洪和排泄能力，降低防洪排涝工程的效能，使洪涝灾情加剧。

这里不涉及由海平面上升、地震、地层中泥炭或盐类沉积物固结收缩、岩溶塌陷等自然因素和开采天然气、石油、固体矿产等人为因素引起的地面沉降以及城市高楼林立引起的不均匀地面沉降，只讨论与水有关的人为因素引起的地面沉降。

平原地区地面下的泥、沙等自然堆积的沉积物，尚处于未压实、固结的结构状态，颗粒间空隙由水充填支撑着，这种处于成岩作用初期的结构特征，尤以下游河口段的冲积平原最为典型。长期超量的开采地下颗粒间隙中的水，改变了区域的水文地质条件，干扰了水资源调蓄能力和水循环自净能力，破坏了水对沉积物颗粒支撑的平衡，人为促成沉积物在短时间内发生压实脱水作用，结果造成沉积物因失水而体积收缩，地下水位下降，地面沉降。

观察测定发现，在抽取含水砂层中的地下水时，随着水位下降，附近地面的高程显示同步地微量下降。试验证实，开采含水层致使砂层压实而造成地面沉降，水位恢复后砂层可能回弹，沉降消除。砂层“释水压密”属于弹性变形，只是引起暂时性的地面沉降。为使沉降的地面复原高程，在二十世纪六十年代探索出向地下回灌水的办法，曾收到一定效果。

但是，长期大量的抽取地下水，用水回灌的措施显得不灵了。这是因为抽取地下水影响到了黏土层。尽管有效应力原理同样适用于黏性土层释放水分而被压实（释水压密），但是却比砂层复杂得多。因为抽水时，相邻黏土层的释水压密程度是由抽水层向侧向逐渐发生的。还由于黏土颗粒间有较强连接力，形成的孔隙结构因压密变形，失水后形变不能恢复。所以回灌水后土层不回弹，所引起的地面沉降是永久性的，不可消除的。

对某地地面沉降机理的研究发现：地面以下 40 米内的淤泥质黏土和亚黏土层，是引起地面沉降的主要压缩层，其沉降量占总沉降量的 90% 以上。

大规模的工程建设在支撑中国经济快速发展的同时，地下水超量开采引发的地质环境问题加剧。我国不少地区存在地面沉降，五十多个城市地面沉降比较严重。为保护地下水补给，径流、排泄的自然循环以及伴随而生的生态环境，城市建设应遵循保护后缘、发展前缘的基本原则，统筹规划，有序而建。

其实地面沉降是一个世界性问题。据资料披露，墨西哥首都墨西哥城自 1898 年至 1956 年，地面沉降了 5 ～ 7 米。泰国曼谷，日本东京、大阪都是世界上地面沉降严重的地区。

如何遏制地面沉降，已成为沿海大城市经济发展面临的实际问题。如何使地面高程复原是水文学和工程地质学的前沿课题，最紧迫的是保护和合理开采地下水。

“开门见水”的威尼斯居民无船不出门（倪集众　摄）

海啸

近代研究发现，海底地震、海盆地壳变动、海底火山爆发、海底山体滑坡、陨星降落海中、海底核爆炸等都能引起水体位移，然后在重力作用下海水被拉回，造成海洋和近岸水域水面巨大涨落现象。

似乎大海咆哮发怒了，宁静的海岸被数十米高的巨浪捶打，岸上的建筑物及一切地面设施被摧垮，锚泊在港湾的船只被汹涌澎湃的狂涛骇浪打砸而互相碰撞解体。没有什么力量能够抵御海啸的突然降临。

世界上最早的记载，是公元前 47 年（西汉初年）和公元 173 年（东汉熹平二年）发生于山东莱州湾和黄县的海啸。全球的海啸发生区大致与地震带一致。据候京明等统计（《海洋预报》2012 年 10 月），自公元前 2000 年至 2012 年的四千多年中，全球有记载的海啸有 2192 次，地震引发的海啸约占海啸总次数的 80% 以上。

在海底下 50 千米以内的震源，当震级大于里氏 6.5 时，形成的海啸波波长可超过 750 千米，在水中的传播速度与水深成正比，可达到 500 ~ 1000 千米 / 小时，其速度不亚于波音 747 飞机了。海啸波在广阔海

势不可挡的海啸掀起的“水墙”（左图来源：CCTV-9；右图来源：《中国科技画报》）

洋的深水里传播，波速仅有微弱减缓，海面波高仅几米，十分地温柔细微，以致正在航行中的船舶也难以感觉这种海啸波的存在。然而当海啸波进入陆棚（大陆架）区域，由于水的深度变浅，波高突然增大，波浪运动所掀起的海涛，波高可达数十米，形成如泰山倾倒之势的“水墙”砸向海岸。

地震引发的海啸，因海盆底面急剧升降变动引起海水强烈扰动，可区分为下降型海啸和隆起型海啸。

下降型海啸是因为某些构造地震引起海底地壳大范围的急剧下降，海水首先向突然下陷的空间涌去，在其上方则出现海水大规模积聚，当涌进的海水在下陷底遇到阻力后，即翻回海面产生压缩波，形成长波大浪，并向四周传播与扩散。这种下降型的海底地壳运动形成的海啸，表现出的前兆是在近海岸出现异常的退潮现象。1960 年智利地震海啸可作为此种类型的实例。

据现代板块构造学说，智利处于太平洋板块与南美洲板块碰撞俯冲带，同时又是环太平洋火山活动带上。这种特殊的地质构造环境，使智利遭受着火山不断喷发，地震连连发生，海啸频频出现，灾难时常降临。1960 年 5 月 21 日凌晨，在智利的蒙特港附近海底，发生了世界地震史上罕见的强烈地震，余震历时 33 天，三次震级在 8 级以上。地震引起的海啸猛烈冲击智利海岸，掀起了高达 25 米的海浪。距震中一万千米的地方记录到了 10.7 米高的海浪，海啸还波及遥远的日本和菲律宾。

隆起型海啸是因为某些构造地震引起海底地壳大范围的急剧上升，海水也随着隆起区抬升，并在隆起区域上方出现大规模的海水积聚，在重力作用下，海水必须保持一个等势面以达到相对平衡，于是海水从波源区向四周扩散，形成汹涌巨浪。这种隆起型的海底地壳运动形成的海啸波在近海岸出现的前兆为异常的涨潮现象。1983 年 5 月 26 日，日本海中部 7.7 级地震引起的海啸属于此种类型。

海啸是一种人类无法抗拒的自然灾害。1992 年至 2012 年接二连三地发生过多次海啸：1992 年 9 月尼加拉瓜发生海啸，1998 年 7 月两个 7.0 级的海底地震引发海啸，2004 年 12 月 26 日于印尼的苏门答腊外海发生里氏 9 级海底地震，海啸袭击斯里兰卡、印度、泰国、印尼、马来西亚、孟加拉、缅甸和非洲东岸等。2010 年 10 月 25 日，印度尼西亚苏门答腊岛发生地震并引发海啸，在南巴盖岛，海啸掀起的巨浪入侵到沿岸六百米之外的村庄，而北巴盖岛的海浪直接打向民居的屋顶。2011 年 3 月 11 日 13 点 46 分，在日本本州岛东北海域发生里氏 9 级地震，海啸浪高达十米，不仅港湾的船只被掀翻，连海边停车场的汽车都被砸扁砸烂，房屋被摧毁，海水淹没了街道和农田。

目前，人类对地震、火山爆发、海啸等突如其来的灾变，只能做到可能性的预测、观察来预防或减少它们所造成的损失，尚不能准确地预报和控制它们的发生。预防是可能做到的。

被海啸袭击后的日本东北部仙台机场（图片来源：《贵州都市报》）

人类文明的源泉
——水资源的利用

平静的湖面，倒映着蔚蓝色天空中白云朵朵和岸边成荫的绿树，春风吹拂水面微波荡漾，水中倒影随波起伏活动起来……凝视着湖面万花筒般的景色，使人心旷神怡遐想联翩。

水有时是安静文雅的，静似明镜，动似少女，即使流淌也是婀娜多姿、莺歌燕舞；水有时又是粗狂的，着急时狂奔不知疲倦，发怒时雷霆万钧不可阻挡；水也是最有耐心的，可以把它需要的物质慢慢地溶入自己的怀抱；水在符合自己脾性时会无条件地服从调遣，不讲条件不言待遇。

聪明的人类在远古时候就与水有了深刻的了解，利用水为人类服务有许多成功的例子。

水车与水碾

水车

水车，一种提水灌溉工具。相传为汉灵帝时华岚造出雏形，后经三国孔明改进后在蜀国用于提水，故又称孔明车。隋唐时已广泛用于农业灌溉，至今已有 1700 余年历史。

水车外形酷似古式车轮。整体由结实的木柱支撑着粗大的轮轴、由木条辐连接轮轴和轮匝，在轮匝上装置几十个相间排列接受水力的推板和倾斜的盛水竹筒，“车轮”在水力的推动下匀速转动，盛满水的竹筒转到高处就自动将水倒入水槽，随着“车轮”转动，水源源不断由低处被提到高处，经水槽流向田间。轮匝的直径各地不一，基本按需要提水的高度设计，一般大的 20 米左右，小的不足 10 米。推动水车的水流是修建水渠从上游引来，水渠上设置有闸板，可以调节水量控制水车转速，也可以关闭闸板使水车停止转动。水车的发明，让水“爬坡”，使高于河面的田地获得灌溉，利用流水力量省了许多人力，避免了许多辛

水车（图片来源:《中国名水》）

苦。今天，已有了功率强劲的抽水机，在偏僻的山区水车依然有用武之地。人们怀着对先祖发明创造的崇敬，在一些景区复制水车作为历史和科普的教学点。

水碾

水碾利用水力带动碾子在放置了谷物的碾盘槽内滚动，利用碾子滚动与碾盘槽的摩擦，使谷物脱壳去麸，是一种加工粮食的设备。早在《魏书·崔亮传》中就有水碾记载，王祯著《农书》则描述更具体："下作卧轮或立轮，如水磨之法，轮轴上端穿其碢榦（音 tuó gàn），水激则辗随轮转，循槽轹（lì）谷，疾若风雨，日所毇（音 huǐ）米，比于陆辗，功利过倍。"水力碾是中古时期魏晋南北朝时发明的谷物加工机械，在技术上充分利用水力资源，借助水力带动碾子进行粮食加工，是一种没有废气污染，没有废渣排放，能源取之不尽而且可调节的先进设备。

力的传动特点有二种：一种为水轮平卧在碾盘下方，中轴直立为水轮与碾子共用；另一种是水轮直立在碾房外，水轮轴水平伸入碾房，与碾子立轴呈直角，以齿轮啮合，使水轮轴的水平旋转变为碾子轴的直立旋转，带动碾子滚动。

水轮与碾子共轴的水碾（图片来源：网络）

冲动水轮的水流是修建水渠或水槽从上游引来，由闸板控制水量调节转速及关停。

从曹冲称象说起

这个故事说的是东吴的孙权送给曹操一头又高又大的大象，光说腿就有大殿的柱子那么粗，曹操及文武百官都是第一次看到这样大的大象。曹操问属下："这头大象有多重呢？你们哪个有办法称它一称？"大臣们议论纷纷，想了许多办法都行不通。这时有个小孩对曹操说："有法子可以称大象。"曹操一看，原来是他的儿子曹冲。

众人跟随曹冲到河边。曹冲叫人把象牵到船上，等船身稳定了，在船舷上齐水面的地方，刻了一道。然后叫人把象牵到岸上来，再把石头一块一块地往船上装，船身就慢慢往下沉。等船身沉到刚才刻划处和水面一样齐时，曹冲就叫人停止装石头。大家起先还搞不懂是怎么回事，这时才恍然大悟，只要称一下船上石头的总重量就知道象有多重了。曹操自然很高兴。他眯起眼睛看着儿子，又得意洋洋地对大臣们瞟了一眼，好像心里在说："你们还不如我的小儿子聪明呢！"

暂且不说故事的真实与否，不过对于物体在水中的排水量和重量之间的关系已经叙述得十分清楚。再与周瑜在鄱阳湖训练水师的故事联系起来，可以证明，三国时候人们对水性的认识和水力资源的利用应该已经十分成熟了。

近年考古表明，距今近 8000 年的萧山市跨湖桥文化遗址，出土了世界最早的一条长 5.6 米、宽为 53 厘米、深 20 厘米的近乎完整的独木舟。这条独木舟的发现，把世界纪录一下子向前推了两千多年。在此之前全球范围内，发现最早的古船要属 2000 年 10 月在埃及发现的一条距今约 5000 年、长 23 米、宽 2 米的"太阳船"。多数专家认为，跨湖桥独木舟的发现，对研究中国和世界新石器时代人类水上交通工具史有重要价值。这可能是人类舟楫文化的肇始之作。

淮河河滩发掘出的 3500 年前的独木舟，长 9.3 米，最宽处 0.8 米，高 0.6 米（据 2010 年 8 月 7 日 14:02 大河网《大河报》）

《世本》载：古人"观落叶因以为舟"；《淮南子》云："古人见窾（空）木浮而知为舟"。这些记载表明，人类从落叶和树干能在水中漂浮得到启示而造出了船。最初的造船方法是，将一段粗大圆木的一侧砍出平面，凿空内腔便可载人载物，这就是最早的船——独木舟。《易·系辞》所说“伏羲氏刳（剖）木为舟”，就是叙述上古时代人们制造独木舟的情形。在距今约 7000 年前的浙江余姚河姆渡遗址和距今约 5000 年前的杭州水田畈、钱山漾遗址中，都发现了与后世很相像的木桨。船的发明，扩展了渔捞的范围，改善了捕鱼的方式，促进了水上的交通运输，这是人类利用水并与水和谐相处的又一次跨越。

水力发电和射流技术

水能推动水车和水碾，让水使出更大的力如何？科学技术和社会经济的发展，水力获得了更大的用武之地，水对人类的贡献与日俱增。

水力发电

水力发电是将水体所蕴藏的水能转变为电能的过程。水力发电的基本原理是利用水位落差，使水的位能（冲力）转动水轮机产生机械能，水轮机再带动发电机，机械能转变为电能。

为了获得合适的水位落差，水利专家选择在河川的某一段设计水坝拦水营造水库，引水由高处泄入向下游倾斜的压力隧道，水的冲力使建在坝下发电厂的水轮机转动并带动发电机发出电能。水则通过电厂的排水管道流入大坝下游河道。

随着水循环的周而复始，水能在自然界是可再生的。把水能转换为电能的水力发电使水成为一种清洁的能源，在运行中不消耗燃料，不发生化学变化，不排泄有害物质。机组启动快，调节容易，可以在几分钟内从静止状态迅速启动投入运行；在几秒钟内完成增减负荷的任务，适应电力负荷变化的需要，而且不会造成能源损失。

水力发电的优势还体现在：运行管理费和发电成本远比燃煤的火力发电低，兼有防洪、灌溉、航运、给水等多种效益。水力发电拓展了水资源的使用空间和利用价值。

自 1878 年法国建成世界第一座水电站；1882 年美国第一座水电站建在威斯康星州阿普尔顿的福克斯河上；1910 年中国第一座水电站建于云南省螳螂川上（石龙坝水电站）。世界上已建的水电站绝大多数是利用河川天然落差和流量修建的。但一切事物都有两面性，有所得就会有所失，由于筑坝拦水形成了水面辽阔的人工湖泊（水库），抑制了水流速度，水流的自净化能力有所下降，流域小气候受到局部影响，库区出现泥沙淤积，鱼类的生活和繁衍受到制约，库区及周边地下水位提高，还可能由于水的体重引发载荷地震等。

水射流技术

水的冲刷作用给人类留下难以磨灭的影响，如何利用水的这种能量一直是工程技术界思索的问题。近百年来迅速崛起的水射流技术正是源于此。靠机械推动，水从喷管或孔口中喷出，在液体或气体中作扩散流动，即为射流。射流一般为紊流型，具有紊动扩散作用，能进行动量、热量和质量传递，在消防水枪、农田喷灌、污染扩散、人工喷泉、水力采矿、土石方冲挖、切割、自动控制等领域都有用武之地。射流技术的早期只是研究如何提高水的压力。二十世纪五十年代，苏联已能利用 2000×10^{6} 达因 / 平

高压水射流采煤（图片来源：photo.cnxz com.cn）

方厘米压力的水切割岩石。之后又研究提高水射流的威力，创造了磨料射流、脉冲射流（水炮）、高温射流和摆振射流。进入八十年代，又有了空化射流、气水射流和旋转射流等新的成就，将高压水射流技术上升到一个新的水平。

在采矿（煤）领域，应用高压水射流水枪采煤，能在顷刻间产生足够大的冲击力，使煤层出现脆性断裂，实现采煤目的。这一采煤方法的优点是：机械化程度比较高，有利于实现自动化；作业区域的含尘量低，设备运行安全可靠，降低了事故率和伤亡率，提高了效益和技术指标。

加入了超细磨料的水通过多级增压后，能产生 380 兆牛顿 / 平方米的高能量水流，通过一个极细（孔径 0.1 ~ 0.35 毫米）的红宝石喷嘴，达到每秒近千米的速度喷射的超高压磨料水射流（水刀），能精密切割各种材料，而不会产生热变形和残留热效应。目前这种切割机能切割厚度低于 100 毫米的金属板材或厚达 80 毫米的石材。如此柔弱的水，却能切开最坚硬的钢铁和石头，水演绎了最完美的“以柔克刚”！

“水刀”能在石板上雕出图案再镶嵌不同质、色的石材（毛德明　摄）

“水刀”在切割可燃性材料，如塑料、布料、聚氨酯、木材、皮革、橡胶等，尤其是切割废弹药或在易燃易爆环境内的切割，是其他方法无法取代的。再有射流技术对管道、型材进行除锈，具有成本低、无污染、无死角、高效灵活、容易控制等特点。

水的热、冷功能利用

水的汽化热与蒸汽机

人类对于水具有超乎寻常的汽化热的认识与实践，要从我国的烹饪技术烤、煮、蒸、涮、炒说起。据考证，在5000年前黄河流域的仰韶文化和南方的崧泽文化里就有了蒸的器具——甑（音 zèng）。特别是在南方的新石器文化里，出现了甑和下面的釜连为一体的器具，考古学上叫它甗（音 yǎn）。甗下面盛水，中间有一个箅子，水沸腾后通过蒸汽把上面的食物蒸熟。这是非常伟大的发明。几千年前中国人已能用面粉蒸出馒头，而当时西方还没有“蒸”的概念，还在烤面包呢！此后，出土的商代气锅和汉代蒸笼，都是对水蒸气的利用所做的改进。

将蒸汽的能量转换为机械功的动力机械——蒸汽机的发明促成了十八世纪西方的工业革命。直到二十世纪初，它仍然是世界上最重要的原动机：最早的真空蒸汽机是用来抽矿井水的。十七世纪，英国的采矿业，特别是煤矿，已发展到相当的规模，单靠人力、畜力已难以满足排出矿井地下水的要求。

自十八世纪晚期起，蒸汽机在采矿业中得到广泛应用，并迅速推广到冶炼、纺织、机器制造等行业，使英国的纺织品产量在二十多年内增长了五倍，为市场提供了大量消费商品，加速了资金的积累，推动了运输业和整个经济的发展。

蒸汽机的改良开创了火车的新时代（湖水清清　摄）

从手工劳动向动力机器生产转变，推动了机械工业。随着蒸汽机的发展，新兴的热力学和机构学为汽轮机和内燃机的诞生奠定了基础。在船舶上采用蒸汽机作为推进动力的实验始于1776年，经过不断改进，至1807年，美国的罗伯特·富尔顿制成了第一艘实用的明轮推进的蒸汽机船“克莱蒙号”。此后，蒸汽机在船舶上作为推进动力延续了百余年的历程。

1800年，英国的特里维西克设计了可安装在车体上的高压蒸汽机。1803年，他把高压蒸汽机用来推动机车在一条环形轨道上行驶，找来喜欢新奇玩意儿的人乘坐，向他们收费，这就是蒸汽机车的雏形。英国的史蒂芬孙将机车不断改进，于1829年创造了“火箭号”蒸汽机车，该机车牵引一节载有三十位乘客的车厢，时速达到46千米，引起了各国的重视，开创了铁路时代。

水热容性能的利用

所有机械在运转过程中会产生热量，为保证发动机在最适宜的温度状态下工作，必须将受热零件吸收的部分热量及时散发出去，以使发动机达到最佳输出功率和使用寿命。所以发动机都配置有冷却系统。譬如，汽车、拖拉机、轮船、内燃机车等。由于水的热容量比大多数物质的热容量都大，因此以水为冷却介质的水冷系统应用最为广泛。

在地质勘探的钻探工程中，钻头在旋转切割、研磨岩石时会产生高温烧坏钻头，钻孔内破碎的岩屑会卡住钻头，造成钻杆扭断、钻孔报废等事故发生。所以在钻进过程中必须用压力把水注入钻孔，用水冷却钻头、润滑钻具、清净孔底、带出岩屑；水在钻孔中能平衡地层压力、平衡岩层水；在停钻时水能悬浮岩屑保护孔壁，防止孔壁坍塌；水也为钻孔底部的钻具传递破碎岩石所需的动力。

当在松散、破碎的岩层中钻进时钻孔壁易发生遇水膨胀剥落、坍塌掉块等不稳定现象，这时就需要在水中加入黏土粉，配置成一种胶体——悬浮体分散体系，即水基泥浆，压力注入钻孔。在泥浆中加入无机、有机或高分子化学处理剂，可在较大的范围内调节泥浆性能，配置出多种类型以适应钻进不同岩层的需要。

所以，一个钻探工地的设施，除了必需的机械设备外，水源及其提水、储水、输水设施是必不可少的。

无土栽培与水产养殖

在竞争激烈的市场经济环境中，二十世纪九十年代曾经发生过这样一个故事。甲、乙两家都是生产、销售瓶装饮用水的。为了自己的市场份额，双方借用实验佐证自己的产品是最好的。甲方把自己的纯净水和乙方的深层湖水做电离实验，结果湖水中出现了沉淀物，甲以此说明乙方的水有杂质。乙方则在上述两种水中放入相同的金鱼，一段时间后，纯净水中的金鱼活力不再，乙以此说明甲方的水不养生。其实呢，两个实验结果是客观的，只是对结果的解释“为我所用”了。水是营养物质的载体，是含有营养的。

无土栽培

黄山迎客松是著名的景观，它在花岗岩的悬崖上伸展着树冠，四季常

令人叹为观止的“树抱石”（倪集众　摄）

石缝中生长的小树（毛德明　摄）

青。没有土怎么会长出大树呢？其实，岩石上能长出树，在华山、五台山、普陀山、衡山、庐山……都能发现，有的树根深深伸入岩石裂缝，树对岩石的种类似乎并不挑剔，有的树根甚至环抱巨石，形成令人叹为观止的“树抱石”景观。原来，树根伸入岩石裂缝是因为石缝中有水，水中的养分给树提供了营养。

不用土壤，用人工配置的营养液使植物生长，称为无土栽培。无土栽培是近代从大自然获得灵感的发明。常用的有三种类型：一种是将植物根系直接与营养液接触的水培；一种是将营养液压缩成气雾状，直接喷到悬挂于容器内的作物根系上的雾（气）培；还有一种是以石英砂、泥炭、锯木屑、泡沫塑料等代替土壤固定植株并通过空隙提供营养液的基质栽培。关键是无论采用何种类型的无土栽培，使用的营养液必须溶解在水中，供给作物根系。

水质与营养液的配制有密切关系。无土栽培对水质要求严格，尤其是水培。水质标准的主要指标是电导度，即溶液的含盐浓度指标（用 EC 表示，单位为毫西门子，用 ms 表示）、pH 值（中性为佳），以及有害物质含量不能超标。实践证明，用雨水配制营养液是理想的。

营养液最初的配方源于对土壤浸提液的化学成分分析。不同作物要求不同的营养液配方，关键是其中氮和钾的比例。营养液配制的程序是：先把营养质溶解于水中配制成母液（原源），使用时再进行稀释。对含钙的物质应单独配制在另一容器内，使用时将母液稀释后再与含钙物质的稀释液相混合，尽量避免形成沉淀。营养液的电导度和酸碱度要经过测定，必须调整到适合作物生长的范围，以免发生毒害。无土栽培能避免土壤病虫害的传染，能反季节产出瓜果蔬菜和花卉。水是功不可没的！

水产养殖

水产养殖是利用各种水域或滩涂，养殖经济水产动植物，包括在人工饲养管理下从苗种养成水产品的全过程。中国的淡水养殖历史可追溯到公元前十一世纪。公元前五世纪已有《养鱼经》问世。海水养殖也有较久的历史，宋代已有人工培育珍珠、养殖牡蛎和藻类的记载。

水产养殖有粗养、精养和高密度精养等方式。粗养是在中小型天然水域中投放苗种，完全靠天然饵料养成水产品，如在湖泊、水库养鱼和浅海养贝等；精养是在较小水体中用投饵、施肥方法养成水产品，如池塘养鱼、网箱养鱼和围栏养殖等；高密度精养是采用流水、控温、增氧和投喂优质饵料等方法，在小水体中进行高密度养殖鱼、虾等，从而获得高产。二十世纪七十年代以来世界水产养殖产量增长迅速，在水产业中的比重也正在日益提高。

水产养殖的产品与水体所处的区域水土生态环境有密切关系，闻名遐迩的阳澄湖大闸蟹，离开江苏苏州阳澄湖，在邻区水域以相同的流程和方法，养成的大闸蟹品质上就不敌阳澄湖出品。又如广东湛江雷州流沙村是珍珠皇后——南珠的主要产地。这里采集、养殖珍珠历史悠久，享有“中国海水珍珠第一村”美誉。其他地方出产的珍珠，就不及南海珍珠圆润硕大，色彩瑰丽，气质高雅。

水与选矿

江河水流有搬运能力，而且在搬运过程中发生机械分异作用，被搬运物质按密度不同在流速变化水域发生沉淀达到相对富集。水流的这种搬运－分选能力，在选矿工艺中被巧妙应用。

由矿山采出的矿石，其中夹杂有许多尚不能利用的脉石，为有效利用矿石矿物，需要把其中的脉石剔除，使有用矿物再一次富集，达到入炉冶炼的品位，这个过程称为选矿。如后图利用溪沟水人力掏砂金，是最原始的选矿。

选矿方法的选择，十分重视矿石矿物的物理性质。譬如，矿石矿物具有导电性，则适宜用电选；矿石矿物具有磁性，则适宜用磁选；矿石矿物具有润湿性，则适宜用浮选；矿石矿物的密度特大，则适宜用重力选。

重力选矿是依据矿粒间密度差异，在介质（最常用的是水）中松散—分层—分离，按密度分选矿粒群的过程，是最经济的选矿方法之一。其选矿工艺经历了大约四百年的发展。随着人们对于生态环境的重视，以及能源危机的出现，矿产资源的逐步减少，重力选矿的优越性获得新的肯定，在当代选矿方法中仍占有重要地位。

重力选矿有重介质选矿、跳汰选矿、摇床选矿、溜槽选矿等。重力选矿广泛应用于金、铂、钨、锡、金刚石及某些稀有金属矿石的再富集。在处理低品位的砂矿方面，具有独到的优势。此外，广泛用于硫化金属矿的浮选方法、选煤等工艺流程也离不开水。

在溪沟中掏砂金（图片来源：qyrb.com）

水彩画与印染布

大自然的色彩缤纷与水是分不开的。因为色彩是由生命表现出来的，譬如植物的绿叶、鲜艳的各色花朵、动物的皮毛、七色的彩虹……如果没有水，生命就不存在了，还会有精彩纷呈的美丽吗？

人类对于大自然的美，对大自然的爱，“看在眼里，记在心里”，生怕忘却了，于是发明了颜料；想要把美景、美色缩小了搬进居室，穿戴在身上，于是从涂抹开始慢慢学会了画画。水墨画、水彩画与印染布也就诞生了。

水彩画

水墨画是以墨为主要原料加清水调和，用浓墨、淡墨、干墨、湿墨、

水墨画《水乡》（图片来源：网络）

焦墨等不同浓度含墨的水所画出的画，画面呈现黑、白、灰不同浓淡层次，别有一番韵味（墨韵）。水墨画被视为中国传统绘画，是国画的代表，也称国画或中国画。

基本的水墨画，仅有水与墨，黑与白色，进阶的水墨画，也有工笔花鸟画，色彩缤纷，后者则称为彩墨画。

水彩画是以水为媒介调和颜料完成的图画作品。所用笔和纸都需要经过水才能发挥作用。一幅出色的水彩画能体现水与薄薄的色彩所表现的质感和来自大自然的真实感。所以，水彩画多以风景为题材。水彩画最先吸引眼球的是那与大自然十分相像的色彩。

我国水彩画的起源，可以上溯到5000年以前的新石器时代。青海大通县上孙家寨出土的舞蹈纹彩陶盆，以流畅的笔法，单色平深的剪影手法，描绘了五个手拉着手舞蹈的人。整个队形有强烈的运动感，表现出活泼欢快的气氛。

水彩画《雪景》（作者：赵生国）

水彩画画面迷人的效果是通过对水分含量的控制达到的。水使色彩产生淋漓酣畅、自然洒脱的意趣。所以作画过程中充分发挥水的作用，水分的掌握是水彩技法的要点之一。

水与色的结合派生了“水色”这个词汇。人们在形容女孩子的皮肤细腻、脸蛋靓丽时，常用“水色好”简单而确切的表达。而在宝玉石界，“水色”或“水头”成为专业名词，譬如翡翠以“水色”来划分等级，有水晶地、玻璃地、蛋清地等。

印染

印染就是在棉布、丝绸、化纤等面料上染色，印花，后整理、洗水等过程的总称。在缝制衣服的面料上染成各种赏心悦目的颜色，印上千姿百态的图案，融入了人类对大自然的崇拜，对宗教的信仰，对美好生活的向往。

据考证，最早在织物上染色可以追溯到六七千年前的新石器时代，那时就能够用赤铁矿粉末溶在水中将灰白色的麻布染成红色。居住在青海柴达木盆地诺木洪的原始部落，能把毛线染成黄、红、褐、蓝等色，织出带有色彩条纹的“毛布”。商周时代，宫廷手工作坊中已设有专职的官吏“染人”来管理染色事务。手工作坊能染的颜色也不断增加。到汉代，染色技术达到了相当高的水平。在织物上印花要晚得多。最早印花织物是湖南长沙战国楚墓出土的印花绸被面。

古代染色用的染料，主要是天然矿物或植物。譬如，青色是从蓝草中的马兰提取靛蓝染成的；红色是用朱砂、茜子；赤色用赤铁矿；黄色用栀子、地黄、姜黄等；黑色用五倍子、柿叶、冬青叶等。将原色混合就得到间色（次色）等。

使织物染色是需要用水的，先要把染料制成有色的溶液，把织物浸入色液中才能达到目的。在染色实践中又发现织物每浸染一次，颜色便加深一些。于是发明了在第一次染色基础上再染原色或别种颜色的套染，这样染出的织物颜色更丰富了。譬如红色就有银红、水红、猩红、绛红。到了秦汉时期，西南有人用融化的腊先在织物上画出图案，然后入染。由于蜡阻碍了织物与染液的接触，煮化蜡后织物显出色地白花，这就是至今仍在使用的蜡染工艺。

现代印染以物理和化学为基础，按染料在溶液中的溶解度分为水溶性染料和难溶性染料。印染过程中，配制染料溶液需要水，在后整理、洗水工序需要更多的水。提高印染质量与水质息息相关，印染的后整理、洗水工序也排放大量废水。为了保护环境，印染企业必须投资污水处理的环保设备，建成与环境和谐发展的绿色产业。

人与水和谐的典范

人类的进化始终有水相伴，知晓水也需要自由、需要洁净，所以像对待朋友那样尊重水、爱护水。水的前行方向被堵塞而泛滥时，开凿河道帮助疏通；水被污染了，帮助恢复其洁净再回归大自然。在悠久的历史记录中，人与水和谐相处，人类对待水所表现出的文明、聪慧留下许多印迹。水协助人类完成了许多丰功伟绩。

水利工程

相传在距今约 4600 年前的夏朝尧舜时代，当时气候转暖，积雪消融，海平面升高，海水倒灌，洪水泛滥，泰山以西到沂蒙以南至苏北地区，成为一片泽国。

鲧（音 gǔn）是尧帝的臣子，被尧派去治理洪水。据《尚书》记载，鲧是一个令行禁止十分严厉的人物。《山海经》说鲧是一个不顾个人安危，救民于水火的英雄。但是，由于鲧用拦堵的方法治水，经历九年不成功，反而牺牲了许多人的生命。舜帝怒而将鲧诛杀于羽山之野。有研究者认为，鲧在治水方法上的失误，是由于当时治理洪灾尚处于摸索阶段，因经验不足而曲折是难免的。他的失败和悲剧为后继者指明了方向。

禹为鲧之子，奉命继承了父亲未成的事业。他吸取了失败的教训，采用凿、堵和疏导的方法对待水患。风餐露宿历经十年之久，凿通了九条山脉，疏导了九条河道，修治了九个大湖，终于安抚了洪水。《史记》以虔敬的笔调叙说了禹的丰功伟绩：他舍家为国，忘了自我，新婚仅四天就离家赴任，三过家门而不入。他足迹踏遍九州，勘测山形水势，终于使水与人和谐。水患不再祸及人类，禹获得民众拥戴，成为尧舜的继承人。禹的丰功一直为后人崇仰。或许禹的精神也激励着二千多年后创造都江堰奇迹的李冰，启迪了开凿灵渠的史禄。

都江堰

都江堰是坐落于岷江上的水利工程，建于公元前 256 年。现今此地称为四川省都江堰市。位于成都平原西部，从成都市到都江堰市乘上“快铁”只需三十分钟。

岷江是长江上游一条较大的支流，古时每当春夏山洪暴发，江水奔腾而下进入成都平原，由于河道狭窄，常常发生洪灾。秦昭襄王五十一年（公元前 256 年），时任秦国蜀郡太守李冰以为民消灾为己任，对地形和水情进行了实地勘察之后，“顺应自然”，“因势利导”，携儿子率民工凿穿阻挡岷江水向东南流的玉垒山，建成 20 米宽、40 米高、80 米长的宝瓶口。宝瓶口妙在无论岷江发生多大的洪水，它引进的水量不超过每秒 700 立方米；又编制了长三丈、径二尺多的大竹笼，装入大卵石顺着水流方向沉入江底，卵石竹笼层层堆垒建成金刚堤。堤的上游端形似鱼嘴，硬是把岷江分成了内江和外江两条江，平时四六分水，内江灌溉享其利者六，洪水超过每秒 5000 立方米时，则取倒四六分水，外江分其害者六。金刚堤使内江的水位提高，顺畅地流经宝瓶口，汩汩流向灌区；在金刚堤下游端与离堆之间，修建了分洪的平水槽和同样采用竹笼装卵石垒成的“飞沙堰”溢洪道，既可制约内江的水位过高，也可使洪峰夹带的泥沙撞上离堆山体后，在离心力作用下跃过飞沙堰进入外江。若是内江洪水达到百年一遇时，则可向外江分洪 75％以上，确保成都平原安全。在鱼嘴西侧的外江上建有闸门，以保持枯水季节内江的水量；在宝瓶口也建有闸门，以调节灌溉用水的量。清黄俞《都江堰》诗：“岷江遥从天际来，神功凿破古离堆。恩波浩渺连三楚，惠泽膏流润九垓。劈斧岩前飞瀑雨，伏龙潭底响轻雷。筑堤不敢辞劳苦，竹石经营取次裁。”概括了都江堰的功能和建造过程的辛苦。

世界遗产都江堰标志（倪集众　摄）

都江堰是迄今为止世界上年代最久远、现在仍然发挥着防洪、灌溉作用的水利工程，经受了 2008 年 5 月 12 日汶川 8.0 级地震的考验。以水利工程功能的分类，都江堰的无坝分洪、引水、自动排砂、自动控制流量等是世界领先水平的原创。

因为都江堰，成就了岷江两岸秀丽的风光，青城外山景区、虹口景区、龙池国家森林公园、清溪园、玉垒山公园、离堆公园、翠月湖等游客如织；萌生了具有浓郁地域色彩的都江堰水文化，二王庙、伏龙观、观景台、都江堰城隍庙、灵岩寺、奎光塔、园明宫等古建筑端庄华丽、香火缭绕；赞美

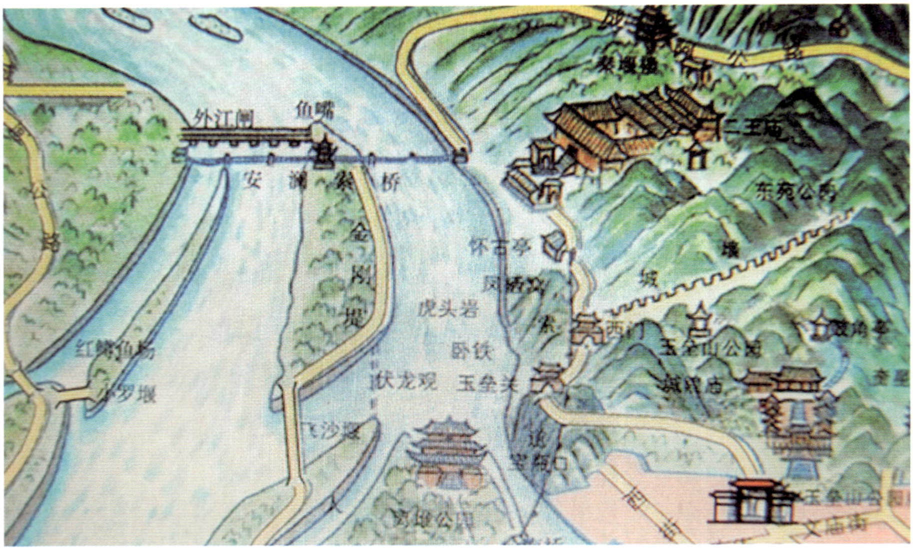

都江堰俯瞰（图片来源:《都江堰导游》）

都江堰的诗、词、对联、散文可集成册。还有改建鱼嘴挖掘出土的东汉李冰石像和“饮水思源”石刻、歌颂李冰父子的民间传说、具有一定宗教神学色彩的祭祀活动。每年农历六月二十四日都江堰放水节和六月二十六日的中心庙会，这里人山人海。

都江堰伏龙观和宝瓶口（图片来源：CCTV-1）

尚没有史料佐证李冰学过水利，但是都江堰证明，他实实在在是一位造诣很深的水利专家。他的“深淘滩，低作坝”与大禹疏浚水势的思想是一致的。由此联想到中医经络理论的“通则不痛，痛则不通”，治水与治病在道理上竟是相通的。

灵渠

灵渠位于广西壮族自治区兴安县境内，在桂林市东北约 60 千米。建于公元前 214 年，是世界最古老的人工运河。

公元前211年，秦始皇统一北方六国之后继续向南扩张，在两广地区苦于南岭逶迤崎岖，后勤补给不上，鏖战三年毫无进展。秦始皇意识到改善交通保证补给是进取两广的关键。御史监史禄受命为大军建设运输线。通过勘察和测算，选择在兴安开凿水渠，连通长江水系的湘江和珠江水系的漓江，使军队和粮草源源不断从水路运往前线，保障了战事需要。这就是灵渠，为秦始皇统一中国起了重要的作用。

世界灌溉工程遗产：灵渠（图片来源：网络）

灵渠的关键工程是在兴安城东南湘江上游的海阳河上，在那里将松木纵横交错夯插在河底，四围再铺上燕槽铸铁铆住的巨型条石，建成北西—南东向伸展的大天平（长343.3米，宽21.1米）和北东—南西向的小天平（长127米，宽18.1米），构成“√”形的两条石堤。在两堤的相交处用块石砌成尖削似铧犁的铧嘴，把自南向北流的海阳河水“三七分”隔为两股：三份水走小天平西端南渠口入漓江，七份水走大天平北端的北渠口入湘江。明鲁铎《分水塘》云：“一道原泉却二支，右为湘水左为漓。谁知万里分流去，到海还应有会时。”天平石堤顶部低于两侧河岸，枯水季节可以拦截全部河水入渠，洪水泛滥期水又可越过堤顶，泄入湘江故道。水利专家认为，大、小太平堤是世界最早的阻水溢洪滚水坝。因能“称水高下，恰如其分”，且经受了两千多年的流水冲刷依然坚如磐石纹丝不动，所以称为“天平堤”确也名副其实。

南渠、北渠是灵渠主体工程，总长36.5千米。南渠的作用是实现湘江至漓江间的通航。在湘江原河槽西岸

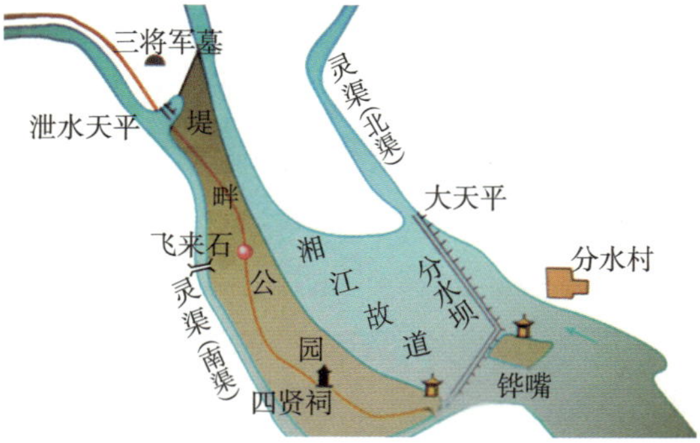

灵渠平面示意图（图片来源：《灵渠导游》）

另开凿一条渠道为北渠，长 3.5 千米。它的作用是实现自分水塘至湘江下游的通航，并保证铧嘴的合理分水。

由于湘江、漓江水位相差约 6 米，为了通航，在灵渠水流湍急的渠段曾建有 36 处陡门。陡门把渠道划分成若干段，打开相邻两段之间的陡门，两段的水位就能升或降到同一水平，船只就能平稳航行。国外最早的船闸直到 1375 年才在欧洲的荷兰出现，晚于我国 1500 多年。陡门无愧为世界船闸之鼻祖。

灵渠联结了长江和珠江两大水系，潺潺流水化解了南岭的天然阻隔。在舟楫的往来中，岭南岭北两地的货物得以互通有无，南北两地的政治、经济、文化得以相互交融。两个本来很难相通的地域，从此再也无法分离。一条悠悠流水纽带使社会的分水岭也不复存在。

灵渠天平（图片来源：网络）

郭沫若赞灵渠“诚足与长城南北相呼应，同为世界之奇观”。灵渠在漫长的岁月里，沟通着人与自然的和谐，淀积了深厚的灵渠文化。有历代政要在灵渠建楼、修亭、立碑留字，有文人雅士在此地吟诗作赋，有虔诚的香客在此地集资修建庙宇，有商贾在此地修建街道铺面。灵渠有诸多亭台楼阁，碑文石刻，树木葱茏，青山绿水，风景秀丽。清袁枚诗曰：“江到兴安水最清，青山簇簇水中生。分明看到青山头，船在青山顶上行。”

2005 年兴安获得“中国十大魅力名镇”称号。中央电视台的解说词是这样的：“灵渠把彪悍的秦地风俗植入楚越之间，所以这里人的性格也刚也柔。古树参天，古巷幽深，水街水清，灵渠有灵。兴安，两大水系钟灵毓秀的地方。”

自湘、桂间铁路和公路建成后，灵渠已被改造为以灌溉为主的渠道，继续造福于人类。

桥与水下隧道

桥

桥，是我们最熟悉的建筑之一。段玉裁对《说文解字》（许慎，公元58—147年）中“梁”字是这样注译的：“梁之字，用木跨水，今之桥也。”即架于水面之上供行走抵达彼岸的木就称为桥。桥的广义是以后才有的。现代桥的概念应该是：跨越水面或其他障碍，人、车可顺畅通过的建筑。

桥的种类很多，按建桥的材料有木桥、石桥、竹桥、铁桥、钢筋混凝土桥、盐桥、冰桥等；按桥的功能有人行桥、公路桥、铁路桥、公路与铁路两用桥、立交桥、城市高架桥等；按桥的形式有独木桥、平桥、拱桥、曲桥、索桥、浮桥、风雨桥（廊桥）、升降桥等；按桥的力学结构有悬索桥、斜拉桥、拱式桥、梁式桥、刚架桥等，这已是桥梁专业范畴的分类了。

贵州镇远舞阳河天生桥

上海朱家角400多岁的石拱桥

黄果树瀑布下游白水河上悬索桥

贵州凯里西江的风雨桥

（毛德明　摄）

中国是桥的故乡，自古就有“桥的国度”之称。桥梁的发展，历史上大致经历了三个发展阶段。

公元前 200 年之前是桥梁的创始时期。此时的桥梁除原始的独木桥和汀步桥外，只有在不宽的河道上架设有梁桥和浮桥两种形式。

秦、汉、战国和三国时期是桥梁的发展时期。秦、汉时期发明了人造建筑材料——砖，创造了砖石结构体系的拱券结构理论和施工技术，为后来拱桥的建设奠定了基础。战国时代发明了铁器，对石材的加工取得了长足的进步。石柱、石梁、石板、石槽、石墩、石条等新构件，在强度、耐火、防腐、耐磨和抗水浸等方面都优于木材。石拱桥在中国古代建桥史上是划时代的创造。这是我国建筑史上一个璀璨夺目的发展阶段。

两晋、南北朝、隋、唐、五代到宋是桥梁发展的鼎盛时期。唐、宋两代取得了较长时间的安定统一，在工商业、运输交通业以及科学技术水平等方面已领先于世界。举世闻名的河北赵州桥、泉州洛阳桥、广东潮州广济桥等，是这个时期的佳作。类似的桥在别的国家中，晚了七个世纪方才出现。东晋以后，随着众多贵族、官宦南迁，经济中心自黄河流域转移到长江流域，江南水网地区的经济发展也带动了建桥业。从此，包括元、明、清三朝，在江南水乡尤以江苏、浙江的水网地区为代表，建造出许多风格各异、形态优美的桥，成为桥的博物馆。

我国幅员辽阔人口众多，交通运输需求量大。到了二十世纪后期，随着经济发展，精湛的造桥技术和深厚的桥梁文化底蕴，在全国纵横的道路建设、大陆与岛屿之间和城市环线建设中，造出了许多世界闻名的桥梁。中国港珠澳跨海大桥，隧、桥组合，总长 55 千米，是世界跨海最长的桥，2018 年 9 月在强台风“山竹”的肆虐下也岿然不动、毫发无损；北盘江斜

港珠澳跨海大桥（图片来源：CCTV-1）

小桥流水（毛德明　摄）

拉索桥，全长 1341.4 米，主跨 720 米，桥面至水面 564 米，是世界最高的桥；大胜关长江大桥，全长 9273 米，跨水面 1615 米，是世界最长的高速铁路桥。

当代除了可行车、行人的桥，还有行船的桥。德国马格德堡市，为使不同高程水面都能通航，以发展水面交通，在 2003 年 10 月建了一座可以行船的“船桥”。水桥全长 918 米，横跨易北河，连接了德国易北－哈维尔运河和米德兰运河。

桥上驶船的德国马格德堡市“船桥”（图片来源：wpsay.com）

大桥贯通了江河两岸，小桥流水的清秀隽美、诗意盎然也引无数诗人墨客感慨。江苏苏州的苏州桥，有“青山绿水百花苑，聚龙醒狮万年城”；浙江新安的白沙桥，有“姿若虹霓，为湖山争秀色；固如磐石，与水月竟久长”；赞美赵州桥，有“水从碧玉环中过，人在苍龙背上行”；说杭州西湖断桥“断桥桥不断，残雪雪未残”，许仙与白娘子在断桥相会的故事耳熟能详，在民间、舞台、荧屏上广为传播。

“桥”在语言、文化中也占有一席之地，譬如做事不顺走了弯路，比喻是在“九曲桥上散步”；把办某件事有风险或没把握说成“铁拐李走独木桥”；推脱某件事或承担不了说成“桥孔里伸扁担——横竖不行”；指责不讲信义为“过河拆桥”；等等。都是诙谐幽默，言简意赅，含义深刻。由水繁衍的“桥文化”也是灿烂的中华文化宝库中不可缺少的一部分。

水底隧道

二十世纪以来，地面、水面、高架道路上各类交通工具数量迅猛增加，常因拥堵，影响了通行速度甚至行驶安全，尤其是城市及其周边，不得不采取发放特别通行证或据车牌尾号限令单双日行驶的措施。向地下、水下拓展人类活动空间，很自然地成为二十世纪末交通发展的趋势。设计、建造水底隧道承担公路、铁路等过江职能也成为最佳选择。

中国第一条水底隧道，是 1970 年 9 月建成通车的上海市黄浦江上游江底的打浦路隧道。含引道全长 2761 米，外径 10 米，内径 8.8 米，双车道宽 7 米。目前已有延安东路隧道、外滩观光隧道等十二条隧道通车；还有十二条隧道正在规划之中。被黄浦江分隔的浦西、浦东，现在由水上（桥）、水面（船）和水下（隧道）构成的立体交通，联成一个整体，浦江两岸再不存在有市区与郊区、繁华与萧条、热闹与冷落之分。黄浦江理所当然地成为新上海政治经济的中心轴线。

长江上第一条过江隧道，2008 年 9 月建成于武汉，全长 3630 米，为一对双向四车道。2009 年 10 月通车的上海长江隧桥是当时世界上规模最大的隧、桥结合工程。隧桥全长 25.5 千米，水下隧道全长 8.9 千米，外径 15 米，是当时世界上最大直径隧道，隧道横断面内分为三层：顶层是排烟道；中层为高速公路层，可通行 5 米高的车辆；下层为预留轨道交通空间，将来可联结城市轨道交通。我国第三大岛崇明岛与上海市区之间从此告别了唯独摆渡的时代，结束了受台风制约的历史。现今，驱车从上海浦东抵达崇明岛，仅需二十多分钟。

上海长江隧道入口（毛德明　摄）

珠江上第一条过江隧道，是广州珠江隧道，全长 1238.5 米，隧道分三孔，西侧两孔为双车道走汽车，东侧一孔为双股道走地铁，1994 年元月建成通车。钱塘江上的第一条过江隧道，是杭州庆春路过江隧道，全长

5352 米，双管双向四车道，2009 年建成通车。天津市首条水底隧道，是北宁公园西大湖水底隧道，2010 年 8 月建成通车。昆明市首条水底隧道，是穿越滇池草海隧道，2010 年 4 月建成通车……随着经济的发展，水底隧道建设还在继续。

水底隧道不仅连接了被江河、湖泊甚至海峡隔断的陆地交通，还有许多长处。如不占地，不妨碍水面航行，不破坏生态环境，不受气候、台风、汛期影响，是一种可全天候保障的交通基础设施。

水底隧道工程自然要和水合作，隧道的主体是在工厂预制的巨大钢筋混凝土圆筒，然后按设计位置由船运抵目的水面，采用连续沉井法将巨大圆筒逐个下沉后，再将各筒接通而构成隧道。隧道的岸坡段，一般采用喷射井点，降低地下水位后，用钢板桩支撑明挖施工，再由八块钢筋混凝土筒片衬砌组合成筒状，按设计坡度逐段延伸。水底隧道要经受上覆水体的压力，同时也要经受水流的侧向冲力。所以，水底隧道的平面投影是一条圆滑的弧线，拱向大力水流来的方向。

水底隧道还解决了一个特殊技术问题。当车辆通过隧道时会产生像打气筒那样的活塞作用，尤其是列车在很长的隧道中高速行驶时，会产生气压差引起空气动力阻抗。这样列车的驱动力就需要增加很多。为使水底隧道有较好的空气动力效应，避免在隧道中产生气流冲击，所以里程长的水底隧道每隔一定距离设置有分解气流的通风支道。

水底隧道是成熟工艺和先进技术综合运用的复杂工程，在工程领域是一种创造；水底隧道稳定地躺在水底，不离水又隔离水，在交通建设领域是一种艺术的创造，是技术进步的标志；水底隧道使得因水阻滞造成的效益亏损获得化解，为经济发展作出了贡献；水底隧道也为人们出行提供了方便。

水上运动

水是美丽动人的，《红楼梦》作者曹雪芹借贾宝玉之口，“女人是水做的骨肉”，台湾民歌唱道“阿里山的姑娘美如水”；水也是多愁善感的，清新飘逸的仙湖也有"抽刀断水水更流，举杯消愁愁更愁"之时，词中高手李煜更有"问君能几有多愁，恰似一江春水向东流"之叹。水是交友的榜样，"君子之交淡如水"；水也是处世的辨证，"水至清则无鱼"……

人类从离不开水而爱水，是物质到精神的跨越。对水由爱而"喜"和"戏"，是精神向文化的飞跃。这种跨越和飞跃，在水上体育运动中有着完美的体现。2000年悉尼奥运会，在水中点燃圣火，将熊熊的火焰与柔情的水融合在一起；2010年广州亚运会在珠江新岛上举行的开幕式，把人类回归自然的一种本能，把人与自然的和谐，把人与水的亲密交往，在流畅、轩昂、优美的旋律中诠释得淋漓尽致。

我们不妨再观摩一下一些水上运动项目，领悟人与水的情趣。

水上独木竞技（图片来源：CCTV-5）

水上独竹漂（图片来源：CCTV 截屏）

游泳、水球

游泳，是人类生存的本能。据史料考证，居住在江、河、湖、海一带的古代人，为了生存，要在水中捕捉水鸟和鱼类，要过河去寻找食物，要防御猛兽的侵袭。通过观察和模仿鱼类、青蛙等动物在水中游动的动作，逐渐学会了游泳。我国水系发育，江河纵横，游泳始于5000年前。《水浒传》里对浪里白条张顺水性的描写，可见几百年前国人的游泳技能已十分高超。

游泳作为一项体育项目得以发展还是近百年的事。现代游泳运动起源于英国。十七世纪六十年代，英国不少地区的游泳活动已开展得相当活跃。十八世纪初传到法国，继而成为风靡欧洲的运动。游泳由实用（军事、生产、救援）发展成竞技运动项目，由被动入水到主动入水，是人类了解水、亲近水的一个进化过程。

游泳是奋力与水搏斗，把水当成竞争的对象，是人与水在进行肢体对话，把水当成亲密无间的伙伴。游泳必须换气，专注了呼吸就没有妄想，在一沉一浮之间呼吸配合手划、腿蹬，全身放松，就像鱼在水中悠游一样，只感觉水是那样柔和地一波一波打在身上，渐渐地与水融为一体，忘了自我的存在，这时不再有杂念，仿佛我就是水，水就是我。

我们见过青蛙有力的蹬蹦，见过蝴蝶翅膀的扑腾，见过鱼鳍划水，见过鱼尾摆水，游泳姿势有蛙泳、蝶泳、爬泳、侧泳、仰泳、潜泳，游泳好手在水中竟模仿得惟妙惟肖。这时候，游泳健儿就像水中的青蛙，像水中的鱼，自由、舒展。

青蛙和鱼是人类游泳的“启蒙教练”（图片来源：cnball.net）

游泳运动对人体健康有诸多好处。水的压力和阻力能使心脏和血液的循环得到改善，增强呼吸系统的功能。

水球的“球场”是长50米、宽52米的泳池，两端设有“球门”。类似于陆地上的手球，甲乙两方竞赛以进球多为胜，只是在水中进行。运动员争球的场景同鱼儿争食的场

水球（图片来源：《中国体育》）

景。运动员是否能抢到球，体能和游泳技艺是很重要的，竞技拟定的规则和教练指导的战术，这种源于自然又回归自然的体育项目，是理论的提高，是本质的跨越。

冲浪、滑水、帆板

冲浪运动（图片来源：CCTV-1）

冲浪是脚踩一块小小的板子，迎着扑面而来的巨浪，运动员灵巧地一扭身，瞬间现身在巨浪之巅，然后顺浪势冲下再上第二个浪头。冲浪把勇敢和机灵结合得天衣无缝。见过海豹冲浪吗？人可不是海豹，人类用水力学的理论指导冲浪，当然不逊于海豹。

滑水，双脚踩着比雪橇稍宽的水橇，手拉着由汽艇牵引的绳子，高速在水面滑行。运动员时而避开水面障碍，时而在水面施展花样滑水、回旋滑水、跳跃滑水和尾波滑水等难度高而优美的动作。这项运动既可使人感受高速滑行带来的刺激，又能使人体验到在水面翻、转、跳、跃所带来的自由和快乐，让人充分享受蓝天碧水的温情和体育运动带给人的无穷乐趣。最令人惊讶的是踩着小小的滑板在水面叠罗汉，这简直是在同水面浮力挑战。虽然前进的速度愈大，向下的重力向水平方向转移愈多，但是在高速行进中保持平衡的难度却更大。滑板运动在水面上演示出了力学原理的精彩和精准。

滑水运动之水面叠罗汉

滑水运动之在水面高速转身

（左图：倪集众 摄；右图来源：百科信息）

帆板，是一种长不过三米，最宽处仅一米的船底形板，板的重心点上装置有可转动的三角形帆。运动员站于板上手撑帆把，借风势、辨水浪操作帆使帆板驶向规定的终点，先抵达者为胜。这是一道难度较大的力学题。试想，帆板行驶中可能巧遇顺风，也可能会遇到侧风甚至逆风。海面的浪，走势并不一定与风向一致，还受岸流、潮汐等因素影响。所以，运动员在帆板上时而前倾，时而后仰，时而弯腰，时而侧身于帆板之外一脚凌空，用力调整着帆的迎风角度，使板劈浪向目标驶去。观看帆板运动是惊心动魄的。在人与自然的和谐中蕴藏着无穷的智慧。

帆板（图片来源:《水上运动》）

跳水、水上芭蕾

跳水运动员从高高的跳台上跃下，在短暂的时空里完成了一系列优美的动作，瞬间无声地钻入水中，几乎没有溅起水花，入水处的水面只留下了小小的一圈波纹。可能海豚有这样入水的本领，但是在空中绝对没有那么多精彩的高难动作。

水上芭蕾，这个名词已经告诉我们，是人类和水共同创造的人水融合的、尽善尽美的艺术。运动员在水中柔美的游姿，重现了安徒生童话里的美人鱼；多人组合的造型，犹如水中绽放的花朵。水上芭蕾展示了人与水和谐的美。

水上芭蕾（图片来源：新华社）

滑雪、滑冰、花样滑冰、冰球

滑雪运动（图片来源：CCTV-1）

滑雪，是一种雪地运动。运动员脚踩雪橇，手持雪杖，从高处借助重力在雪面上滑下。雪橇长长的，面积比鞋底要大许多，大大降低了体重对雪面的压强，使人体不至于陷入雪中。雪杖用以平衡身体，必要时作撑杆增加前进的推力。从陡坡下滑，滑雪的速度可以达到每小时几十千米。滑雪技巧最早是猎人在雪地里追赶猎物时创造的。

滑冰是一种冰上运动。运动员穿的冰鞋在鞋底安了一把“刀”，这样鞋底与冰面的接触面积大大减小，摩擦力就降低许多，有利于滑动了。据考证，最早的冰鞋是把马骨磨光、穿孔，然后用皮绳绑在鞋底制成的。那时，滑冰也两手持杖以保持平衡并支撑滑行。大约在 1250 年，荷兰人发明了铁制冰刀，随之很快盛行于欧洲其他国家，并逐渐由娱乐发展为竞技项目。

滑冰运动有类似田径赛那样在规定距离内比速度的项目，如速滑、接力赛等；有类似自由体操那样在冰面上完成若干高难优美动作的项目，即花样滑冰或称冰上芭蕾。

冰球（图片来源:《中国新闻》）

冰球类似于足球又不是足球，可能是受足球竞技的启发吧。冰球场类似足球场，也有两个球门，只是小了许多，球场是冰面不是草坪，四周有护板围封，没有边界线。冰球不是球，而是一颗硕大的“象棋子”。运动员脚穿冰鞋，手持“L”形冰球棒，以拨和拘的动作运动冰球，突破对方的防守，把球赶进对方球门则得分。双方对垒，进球多者为胜。

曲水流觞

如果说上述的运动是水忠实地陪伴着人锻炼意志，研习技巧，强健体魄，感悟真美，那么现在要说的是水还能陪伴着人舒展情趣，历练学养。

大书法家王羲之喜欢邀约朋友，在风光秀丽、恬静优雅、有叮咚水声伴奏的郊外，饮酒、赏字、论诗。

公元 353 年，正值绍兴兰亭修禊时，王羲之邀约亲朋好友四十多人参加笔会，让朋友各自在小溪边找一处或站或坐，自小溪上游将一木觞放于水面，让其顺溪水拐弯颠簸而下，当木觞停止不前时，距离木觞最近的人，就得罚酒并吟诗一首。游戏过程中可能也有作弊的，但是十分愉悦皆大欢喜。这次流觞游戏最终得诗三十七首，汇成一册名《兰亭集》，王羲之作序并书。这就是名扬千古的天下第一行书《兰亭帖》。

水与太极拳

在教习太极拳的拳谱中，多有描述太极拳与水直接或间接的联系。譬如“太极长拳如长江滔滔不绝”，“逆来顺受”之法，致“柔”之术，如行云流水、连绵不断等。只要你读太极拳的拳理时想到水，就会产生无穷的联想，就可能悟出一些道理来。

教习太极拳的老师教学时常说：“缓一些，慢一些，不要用力”，“松一些，软一些，柔一些，圆一些，绵一些不要用劲”，提示要像缓缓流水那样绵软。

太极拳的推手和撒手则是行拳的技击态。这时要求运动员似壶中沸腾的水，咆哮的水，要如海中之巨浪翻滚，似江河中洪涛奔腾，如高压水枪之喷射。既要有源源不断之后劲——内劲充足，意气变换轻灵，又要有迂回曲折之技巧，随机应变，避实就虚，无缝不钻，同时化打。太极拳致胜之道则是柔胜刚，慢胜快，整体对局部，意足而形松。所以太极拳技击之术是水胜之术，是柔胜之术的体现。

人造水景观

兰州《黄河母亲》雕塑（倪集众　摄）

上海黄浦江畔陈毅塑像（毛德明　摄）

南昌赣江八一大桥上的“白猫、黑猫”雕塑
（图片来源：sohu.com）

许多城市的江河湖畔有精美的雕塑，每一件艺术作品都象征着某一种含义。兰州市黄河边的《黄河母亲》雕塑，告诉后人是黄河孕育了中华文明；上海市黄浦江畔的陈毅塑像，是上海的市民对敬爱的老市长深深的怀念；南昌市赣江八一大桥的“白猫、黑猫”雕塑，颂扬“不管白猫黑猫，能抓到耗子就是好猫”的求实精神。

水，不仅是生活和生产的必需，而且水也能装扮城市，使城市清新、雅致、优美、舒畅和富有灵气。水没有固定形状的特性，却比任何物料更具有“独特”的“可塑性”。在城市广场有大型喷泉、水帘和水柱；在公园有中型喷泉和水花；在住宅小区花园有小型喷泉和水簇；在宾馆大厅有水幕。集声、光、电三位一体的喷泉，能营造出更新奇、更动感的人文景观。

在空旷的城市广场上，当彩色的音乐喷泉随着优美流畅的旋律翩翩起舞，那悦耳动听的乐曲、那缤纷的色彩、那婀娜舒展的舞姿，使人心情舒畅，流连忘返。在新建的住宅小区花园里，各式形态的喷泉和花草、树木相依相伴，浓郁的生命气息使得棱角分明、高高耸立的刚性建筑物也增添了许多生机和自然。宾馆厅堂的水幕，正对着大门，隐隐约约透出幕后的景色，营造出温馨、祥和的环境。

2008 年西班牙萨拉戈萨世界博览会上，用水幕做成一个巨大的“显示器”，其水流来自数千个小喷头，喷头通过由电脑控制的传感器进行开关和

喷泉景观

花篮式的喷泉

“三叉戟”喷泉直冲树梢

（倪集众　摄）

蒲公英花式的滚球喷泉（倪集众　摄）

十字街头的喷泉（毛德明　摄）

调节射速，图像和文字在水幕上清晰可见。用水幕做成的门，传感器可以感应到有人靠近了，即自动拉开水幕，观众穿门而入之后，传感器则会将水门“关上”。

喷泉展示了东西方文化和艺术素养的积淀，在体现美观、灵秀、淡雅、和谐的共同特点外还各有情趣。东方的喷泉多半考虑环境特质而追求象形，这可能与我们的文字起源有关吧。在西方许多名胜景点，喷泉的形状虽然单一，在布局上常常与栩栩如生的各式人物塑像融为一体，动静结合似乎在表达一个故事，作品的艺术效果令人陶醉。

圣彼得堡夏宫花园的喷泉（周忠惠　摄）

在喷涌的泉上“滑板”（毛璐铬　摄）

奥地利美泉宫前的塑像喷泉（倪集众　摄）

人造水景观还有调节小环境的作用。在酷热的夏天，喷泉、水幕能吸收空气中的热量，使小范围内变得凉爽。需要注意的是对水景观水质的管理，防止景观水的污染和富营养化。把节水、保水、用水结合起来，用尽可能少的水，创造出更好更美的水景观。

污水治理

地球虽然有70％的面积为水所覆盖，但淡水资源却极其有限。二十世纪五十年代以来，全球人口急剧增长，工业发展迅速。一方面，人类对水资源的需求持续扩大；另一方面，日益严重的水污染消耗了大量可供利用的水资源。全球水资源状况急剧恶化，“水危机”随之降临。救救水吧！把污水处理行业作为重要产业，让它与自来水行业具有同等地位。这样做，实际上是在拯救人类自己。

污水

“污水”通常是指受病原体污染物、耗氧污染物、植物营养物及有毒污染物污染了的水。污水不能用来沐浴、洗涤、浇花、灌溉、养殖，更不能饮用。

污水从哪里来

污水有天然和人为之分。在一些地区，由于区域性地球化学特征，地下水或地表水受矿层或岩层污染，如煤层、放射性矿层及含氟、汞和砷的岩层等，造成天然污水。人为污水是指来自生活、医院废水和工业生产废弃水及农业生产污染的水。农业污水主要是耕作过程中使用化肥、农药造成的，降雨把土壤中残留的有害成分带入水体。工业生产造成的污水成分复杂，因工厂种类不同而千差万别。如屠宰场排出的废水含有大量病原体，造纸厂排出的废水是碱性的，皮革厂排出的废水是酸性的，电镀厂、电池厂排出的废水有毒等。产品不同的化工厂排出的废水含有不同的化学物质。

生活污水和医院废水含有大量的病原体，如大肠杆菌、血吸虫卵、霍乱菌、伤寒菌以及肝炎病毒等。这种污水环境为各种有毒有害微生物繁殖、传播提供了条件。城市污水主体是生活污水，但也难免有其他污水的混入。以我国为例，假设城市的 5 亿人口每人每天产生 0.0001 立方米生活污水，其总量就不是一个小数目，而每一滴污水将污染数倍的清洁水体。

污染物的主要类型

病原体污染物：其中有各种病毒、病菌、寄生虫。都可能借水体传播疾病。

耗氧物质：以悬浮或溶解状态存在的碳水化合物、蛋白质、油脂、木质素等有机质，在微生物的生物化学作用分解过程中大量消耗水中的氧，造成水中溶解氧减少。溶解氧被耗尽后，有机物又发生厌氧分解，产生硫化氢、氨和硫醇等难闻气味，使水质进一步恶化，影响水体中生命的生长乃至死亡。

植物营养物：主要指缓流水体中氮、磷等能刺激藻类、水草生长及其他浮游生物迅速繁殖，干扰水质净化，使水体溶解氧量下降、生化需氧量升高的物质。藻类及其他浮游生物死亡后被分解，不断消耗水中的溶解氧，随即产生硫化氢等气体，同时又把氮、磷等营养物质释放到水中，供新一代藻类等生物利用。因此，水体富营养化后促成恶性循环，湖泊可被某些繁生植物及其残骸淤塞，成为沼泽甚至干地。局部海区可能变成“死海”或出现“赤潮”现象。

相关链接

赤潮是由于某些微小浮游生物大量繁殖和高度密集引起的水体变色现象。

有毒污染物：重金属（汞、镉、铬、铅、钒、钴、钡）和难分解的有机污染物（多氯联苯、稠环芳香烃、甲苯胺、乙苯胺、联苯胺）等，在生物体内积累到一定数量，能使体液和组织发生生化和生理功能变化，引起病理变化甚至危及生命。

石油类污染物：在河口、近海水域，石油污染不能忽视。石油是烷烃、烯烃和芳香烃的混合物，在水面上形成油膜，能阻碍水体的复氧作用；鱼鳃被黏附可使鱼窒息；藻类、浮游生物则窒息死亡。

酸、碱、盐污染物：各种酸、碱、盐等无机物进入水体，提高了淡水的矿化度，pH 值偏离中性，严重影响用水的水质。水体中无机盐的增加提高了水的渗透压，土壤质量受到影响。

此外，还有核动力船舶泄漏造成的放射性污染和热电厂冷却水排放造成的热污染。高温热水直接排放到水体中，可使水温升高，加快了水中化学反应、生化反应速度，提高了某些有毒物质（如氰化物、重金属离子等）的毒性，使氧减少，影响鱼类的生存和繁殖，加速某些细菌的繁殖。

衡量污水的指标

物理性指标：包括温度、色度、嗅和味、固体物质。固体物质有三种存在形态：悬浮的、胶体的、溶解的。固体物质用总固体量（TS）作为指标，污水处理中常用悬浮固体（SS）表示固体物质的含量。

化学性指标：包括化学需氧量（COD），指用强化学氧化剂（我国法定用重铬酸钾）在酸性条件下，将有机物氧化成 CO_2 与 H_2O 所消耗的氧量（mg/L），用 COD 表示。化学需氧量越高，表示水中有机污染物越多，污染越严重；生化需氧量（BOD），指水中有机污染物被好氧微生物分解所需的氧量（mg/L）；总需氧量（TOD），指由是 C、H、O、N、S 等主要元素构成的有机物被全部氧化时，分别产生 CO_2、H_2O、NO、SO_2 时所需氧总量；总有机碳（TOC），包括水样中全部有机污染物质的含碳量；总氮（TN），指污水中所含有机氮、氨氮、亚硝酸盐氮、硝酸盐氮四种含氮化合物总量；总磷（TP），包括有机磷与无机磷两类；pH 值、重金属含量等。

生物性指标：指每升水样中所含有的大肠菌群的数目（以个 / 毫升计）及其他细菌数的总和（包括大肠菌群数、病原菌、病毒及其他细菌数）。

污水处理

处理污水不外乎采取物理的、化学的或生物的处理方法，把污水所含的污染物分离出来或将其转化为无害物，从而使污水得到净化的过程。一般按处理程度划分为三级：一级处理，一般采用物理处理法，主要去除污水中呈悬浮状态的固体污染物质。经过一级处理的污水，BOD 可去除 30% 左右，达不到排放标准；二级处理，采用化学和生物化学方法，主要去除污水中呈胶体和溶解状态的有机污染物质，去除率可达 90% 以上，水体的 BOD、COD 值达到排放标准；三级处理，综合运用物理法、化学法、物理化学法、生物化学法等进一步处理难降解的有机物，去除水体富营养化的氮、磷等可溶性无机物。采用的具体方法有生物脱氮除磷法、混凝沉淀法、砂滤法、活性炭吸附法、离子交换法和电渗析法等。

1990—2000 年，全球污水处理消费量以年均 6% 的速度增长，中国污水处理消费量年均增长率近 18%，是世界年均增长率的 2.9 倍。2000—2004 年，我国污水处理消费量从 188 万吨增长到 447 万吨，增加了 2.3 倍，年平均增长率在 27% 以上。污水处理消费量增长，一方面说明经济在发展，另一方面记录了污染在加剧。在这样的背景下，污水处理行业成为新兴产业，与自来水生产、供水、排水行业处于同等重要地位。

值得庆幸，二十一世纪以来我国污水处理在一些领域，通过开放引进和技术改造，工艺技术装备达到了国际先进水平，污水处理设备产业初具规模。1998 年从美国北卡罗莱纳州引进了专门用于养殖场废弃物资源化和环境治理的“大型高温沼气发酵工程”，2004 年设备自给率达到 70% 以上；2007 年，中国水污染治理投资达到 3387.6 亿元，比上年增加 32%，占当年 GDP 的 1.36%。污水处理工艺技术有了自己的方案。一般的城市，污水经系统处理后，回水用于城市绿化、浇灌草地树木，或作为工业用水。污泥经脱水可制成人行道地砖，不会造成二次污染。特殊要求的城市，生活污水经系统处理后，再进行离子交换除氨氮，最后排海或回用。目前我国污水处理行业正处于发展的初级阶段。

相信我国的污水处理行业在“深入改革开放”政策方针的指引下，正迈上一个又一个“促进经济发展，保障人民身体健康”的新台阶。

某地污水处理池（图片来源:《中国科技画报》）

水崇拜和水节日

我国中国农历二十四节气的划分早在春秋时代已有雏形，现在使用的“农历”在秦汉时期已基本修定。流传于民间的二十四节气歌是这样唱的：“春雨惊春清谷天，夏满芒夏暑相连，秋处露秋寒霜降，冬雪雪冬小大寒”“每月两节不变更，最多相差一两天，上半年来六、廿一，下半年是八、廿三”。

二十四节气与水有着密切的关系。如公历2月18～20日交节的“雨水”表示开春之后雨水渐多，草木苏醒；4月19～21日交节的“谷雨”表示雨水充沛，是适宜秧苗生长的播种季节；9月7～9日交节的“白露”是露水凝结成白色，预告天气渐凉；10月8～9日交节的“寒露”指天气已寒；11月22～23日交节的“小雪”预告将要下雪；12月6～8日交节的“大雪”表示可能有积雪了。一些树木按节气长出嫩叶、开花、结果或落叶，一些草本植物按节气由青变枯黄，一些动物按节气冬眠；农业按节气播种、收割；人们按节气养生作息……一切生命的茁壮成长都与水息息相关。水是农历二十四节气的总“管家”，确切地说，水是“生命时钟”。

古埃及则把一年分为三季，即洪峰期、水退后土地出露期、缺水干旱期。划分的参照物也是“水”。

据史料记载，西周末年和春秋时期，“五行”是人们日常生活和修身养性的规矩。《尚书·洪范》明确指出五行为水、火、木、金、土五种物质，“五行”排列顺序被认为是“定序”，水被列为“五行”之首，可见古人对水的推崇。

水崇拜

水给人类造福也带来祸。中国上下五千年的农耕经济社会，对水的依赖、敬畏的心理淀积而导致对水的崇拜。

人类历史上最早出现的自然崇拜对象，可追溯到原始社会的早期旧石器时期。居于洞穴靠狩猎和捕鱼为主要生活来源的古人，对江河湖海给予的恩赐而滋生感恩之想，水的威猛而神秘的力量却又让古人感到自身的弱势，因而对水产生臣服之意的崇拜。显然，人类历史上早期的崇拜对象，是大自然的“物”或“力”而不是“神”。人们以虔诚的心理想象着水的仁慈和威力，自然而然地与人性相联系，感悟水可能具有与人相同或相似的嗜好、情感、欲望和行为。因为无法把崇拜对象赋予生命的形体，所以是一种模糊的、幻想中的存在，在形式上只能表现为对水体的直接崇拜和祭祀。

藏民挂在河上的“水饰”（倪集众　摄）

青海湖边藏族的“水饰”（毛德明　摄）

罗马人的水崇拜（图片来源：网络）

俄罗斯人的水崇拜（陈修年　摄）

从考古出土的陶器外表中可以看到，有条纹、涡纹、三角涡纹、漩纹、曲纹、波纹等象征水的纹饰，见证了古人对水寄托着信仰和祈求。而纹饰并不是出于审美和装饰的目的。普列汉诺夫在《论艺术——没有地址的信》中说：“人类最初是从功利观点来观察事物和现象，只是后来才站到审美的观点来看待它们。”

自左至右为云纹、水纹和浪纹（图片来源：360 识图）

印度传统的“恒河沐浴”（图片来源：《中国新闻》）

水体崇拜在古代典籍中也有记载，譬如他们把某些河水、泉水称为甘水、甘露、玉膏、丹水、酒泉和神泉等；他们赋予水种种神奇的功效：或能使人获得生长的力量，或能招致祥瑞，或可调药治病……乃至使人长生不老；等等。传说唐朝末年（约公元 860 年），有一个名曰知玄的和尚，脸上患了久治不愈的“人面疮”，最后碰到一个得道的罗汉，引清水给他一洗——水到病除。从此以后佛教就诞生了一部《水忏》。

作为意识文化的水崇拜，几乎遍及与人类生存相关的所有领域，随着对大自然了解程度的长进而演化；古人从在水中生活或与水有着某种联系的蛇、鱼、蛙、水牛、龟和鳄鱼等获得想象的启迪，认为这些动物与水的关系最亲密，或许它们就具有司水降雨的功能，于是尊奉它们为“水神”，使水崇拜有了具体的形象。

幻想中最典型的“龙神”，便是古人集各种水神动物之大成创造出的观念性动物水神，因此它的司水本领要比其他动物水神广大得多。

龙在中国被奉为至尊至圣，在中国龙文化的背景下，且不说带有“龙”字的地名数以千计，以“龙”字命名的江河就有四十多条。譬如，以“五色龙”命名的江河有四川省的黄龙河、河北省的青龙河和赤龙河、天津市的青龙湾河和黑龙港河、甘肃省的白龙江、上海市浦东的白龙港，以及黑龙江省的黑龙江，等等。几乎每一省都有龙江、龙湖、龙河、龙水、龙泉、龙潭，以及数不清的龙王庙。

日常生活的衣食住行都有“龙”的踪迹。衣有龙袍，帽子有龙冠；食有龙虾、龙眼、龙须面；建筑有龙宫、龙亭，家具有龙椅、龙床；行有龙舟、龙车。动物有龙马、龙蚤，植物有龙葵、龙菊、龙舌兰、龙须草、龙须菜、龙柏和龙爪槐。还有抽水的水车叫龙骨水车，大吊车叫龙门吊，正月十五舞龙灯，五月端午赛龙船，天上有龙星，地下有龙脉，风水宝地叫龙穴；一些地、县名字用“龙”字的：如福建省龙岩市，贵州省的安龙县、龙里县，还有龙安、龙泉、龙城、龙江、龙华、龙湾和龙胜等县或区级的地域名称……

宋太平兴国年间（公元 978 年）编辑的《太平广记》中，龙的神话小说就有八十一则。神州大地龙无所不在。龙的文化源远流长，辽宁阜新前红山文化遗存——查海原始村落遗址出土的“龙形堆塑”，为龙的“生日”提供了证据：原来距今 8000 年前龙就横空出世了。还有内蒙古敖汉旗兴隆洼出土的距今达七八千年的陶器龙纹，陕西宝鸡北首岭遗址出土的距今达 7000 年的彩陶细颈瓶龙纹，以及河南濮阳西水坡出土的距今 6400 多年的蚌塑龙纹等，都表明龙文化是华夏文化的核心，所以说中国人是龙的传人。

龙是一种只存在于图腾中而不存在于生物界的虚幻动物。今天所知道的龙的形象综合了多种生物的特征：蛇身、兽腿、虎掌、鹰爪、马头、龟眼、牛耳、鹿角、鱼鳞。这种多元组合，意味着龙是万兽之首，万能之神。有研究指出，龙的形象是经过不断发展变化的，在漫长的历史过程中部落之间战争和联合，信奉龙图腾的民族逐渐成为领导，龙的图腾逐渐成为整个中华民族信奉的旗帜。其他民族的图腾的形象逐渐被吸收、被充实到龙的形象中去，因此龙的特征愈来愈多，形象日益复杂而且更为威武。龙在中国传统的十二生肖中排列第五。龙与凤凰、麒麟和龟并称“四瑞兽”。青龙与白虎、朱雀、玄武是中国天文的四象。

除了雨神，伴随雨的一些自然现象也有“神”，诸如云神、虹神、风神、雷神、闪电神等。崇拜的对象全是与雨有关的。古老的农业国，雨水对农业生产至关重要。于是“爱屋及乌”，除了雨以外，还要崇拜风、云、虹、雷和电，因为它们与降雨有着密切的关系。古人在农业生产的实践中，积累了不少关于降雨的气象知识，只是对雨的成因不能做出明确合理的解释，因而在迷惑中塑造出神秘的神，并进一步人格化、人形化，注入了人性的因素。

随着人类适应自然、利用自然的能力和信心不断提升，生产力水平也不断提高，动物水神中的人性因素也逐渐丰满起来。在表现形式上，便是由动物水神向人形方向演变，将人的形体特征与动物形体特征相结合，演变成半人半兽的水神。人体特征使人感到可亲可近，动物特征使人感到神奇怪异。如人面龙身的计蒙，《山海经》说他“其状人首而龙身，恒游于漳渊，出入必有狂风暴雨”；人面蛇身的相柳，《山海经》说他为共工之臣，“人首蛇身，所抵之处厥为溪泽”；此外还有人面龙身的黄河河伯、人面蛇身加鸟翼的化蛇等。

据《楚辞·九歌》注引《抱朴子·释鬼篇》，河伯原名叫冯夷，“渡河溺死，天帝赐为河伯”。河伯的威势很大，他的秉性与黄河的喜怒无常十分相似，此外还是典型的贪婪好色之徒。在古人看来，黄河的放荡不羁主要是由河伯的暴虐秉性和贪婪好色造成的。在这种观念下，人们为了避免黄河的泛滥，便以各种形式祭祀河伯。除了用牛、羊、猪以及美玉等沉入河里祭祀，甚至还不得不采取“沉嬖”（为河伯娶妾）贿赂河伯以讨其欢心，祈望河伯与人和谐共处。人们想象的河伯，有喜怒哀乐和七情六欲，是一个完全人性化了的河神。

随着社会的进步，对自然现象的感性和理性认识日益丰富的人类逐渐醒悟：世代虔诚地向水神进行供奉和祈祷，涝旱灾祸并没有因此而消亡，而人类通过自身的力量构筑江河堤坝、疏浚河道，却往往能减少或避免涝旱灾害之苦。大禹、李冰父子领导民众兴修水利降伏水患、造福世人的丰功伟绩，使人们清醒地认识到，与其把命运寄托于神，不如相信自身，去改变受制于天灾的被动局面。在这种文化心理下，春秋战国以后，治水英雄逐渐成为人们崇拜祭祀的对象。

民间为了纪念大禹，在安徽怀远东南涂山之顶建有禹王庙（又名禹王宫、涂山祠），于河南开封市东南郊建有禹王台，于浙江绍兴东南会稽山上建有大禹陵等。

另一位被人们十分崇敬的是水利专家李冰。李冰在岷江流域兴修了许多水利工程，特别是率众修筑了盖世无双的都江堰，惠泽川西人民。为了纪念李冰的治水功绩，后人在灌县（今都江堰市）岷江边的玉垒山上修建了“崇德庙”，纪念祭祀李冰。还有春秋时楚国令尹孙叔敖，曾主持修建芍陂（今安徽寿县南），号称“龙泉之陂”，灌溉良田万顷，历代百姓受惠不已。后人感念孙叔敖的恩德，建庙祭祀之，至今香火不息。

大禹塑像（龚威健　摄）

李冰塑像（图片来源：《中国名水》）

对江河的自然崇拜逐渐转变为对治理江河英雄人物的崇拜，是人类社会发展的重要标志。这说明随着生活生产实践的经验积累和对大自然认识水平的不断提高，人类对于神的崇拜渐次淡漠，而对于自身能力的信心与日俱增。从大禹、李冰等治水的伟大社会实践中意识到，人类只有靠自己的力量才能战胜自然灾害，与自然更好地和谐相处。尽管祭祀大禹、李冰的活动也是一种崇拜，还未能从根本上挣脱神权的羁绊。可以这样说，神化大禹、李冰等，是人们思想进化上的一大飞跃，是对迷信虚幻水神愚昧观念的否定。于是，以神为本的文化便逐渐向以人为本的文化过渡。冯天瑜等在《中华文化史》一书中说：“人们从惶恐地匍匐于天神脚下的奴婢状态中逐渐解脱出来，开始伸直腰杆，着力创造现世的美好人生。”

水的节日

“崇拜”的内涵有尊敬、钦佩、敬慕、尊严、威严之意，崇拜是永久的记忆，崇拜心理是人的精神支柱，它使人感到有所寄托，有所期望，有所追求，是人类自我意识的产物，是人类思维想象力发展的必然。中西方崇拜的含义是一样的。崇拜者心理是希望成功和追求完美的渴望，促成了由意念发展到纪念的行为。于是因文化的、地域的、民族的、宗教的不同，有了各种各样的祭祀活动。

农历三月初三的“上巳节”

上巳节是个历史悠久的节日。《论语》中记载，孔子和他的几个学生在暮春之时，穿着春装，在沂水中沐浴，就是这一节日习俗的遗迹。最早记录这个节日的是西汉初期的文献，郑玄《周礼》注：“岁时祓除，如今三月上巳，如水上之类。”著名的《兰亭集序》，记录了文人墨客在这个节日的活动和感受：“永和九年，岁在癸丑，暮春之初，会于会稽山阴之兰亭，修禊事也。”修禊，就是临水洗浴，以祛除灾病。《兰亭集序》赋予上巳节高雅的情调。

到了唐代，上巳节成为重要的节日之一。在《全唐诗》中，出现“上巳”字面的诗歌就有二十九首。如陈子昂《三月三日宴王明府山亭》：“暮春嘉月，上巳芳辰。群公禊饮，于洛之滨。奕奕车骑，粲粲都人。连帏竞野，绚服缛津。”节日这天，洛水岸边，车马众多，帐篷相连，人们服装绚丽，挤满了水滨。这些描写反映出节日的热闹景象。杜甫《丽人行》描写长安曲江边上士女如云的盛况：“三月三日天气新，长安水边多丽人。”她们穿着艳丽，打扮入时，神态清远，一派太平盛世的景象。王维《三月三日曲江侍宴应制》：“万乘亲斋祭，千官喜豫游。奉迎从上苑，祓禊向中流。”这一天玄宗和群臣都来到曲江过节了，君臣乘船，到曲江的中流捧水洗浴，那盛况是可以想见的。乘船到河水的中流洗浴，是由于中流水质更为清纯。又如陈希烈《奉和圣制三月三日》：“上巳迁龙驾，中流泛羽觞。锦缆方舟渡，琼筵大乐张。”两船相并为方舟，船大很稳，君臣在大船上饮酒听乐。白居易《奉和裴令公上巳》也写到了这个细节：“去岁暮春上巳，共泛洛水中流。”一年之计在于春，在上巳节洗浴身体，以祛除不祥，祈求康健，表现了唐代人积极的生活情致。

农历四月十三至十六日的“泼水节”

泼水节是我国傣族和泰国、缅甸、老挝等地人民都要欢度的盛大节日。泼水节是傣族辞旧迎新的传统节日。大清早人们就要采来鲜花绿叶到佛寺供奉，担来清水打扫卫生，为佛像洗尘称“浴佛”。

节日里，男女老少用各种容器盛水，涌上大街小巷，追逐嬉戏，逢人便泼。一朵朵水花在空中盛开，“水花放，傣家狂”，“泼湿一身、幸福终身”！以泼水的方式互致祝贺，象征着吉祥、幸福、健康和快乐，到处笑声朗朗。

送来吉祥、幸福、健康、快乐的傣族泼水节（图片来源：《贵州日报》）

藏历羊年四月十五日前后的“朝圣节”

藏历羊年四月十五日前后的“朝圣节”，是藏族善男信女们朝拜西藏三大神湖的节日。

藏民朝拜神湖（左图来源：izy.cn；右图来源：《中国名水》）

纳木错意即来自天上的“天湖”“灵湖”或“神湖”，位于西藏拉萨市当雄县与那曲地区班戈县之间。湖面海拔标高 4718 米，总面积为 1900 多平方米，最深处约 35 米，是世界上海拔最高、我国第二大的咸水湖。是古近纪末至第四世纪初，由于喜马拉雅运动产生的凹陷形成的一个巨大湖盆。纳木错犹如一面巨大的宝镜，镶嵌在藏北的草原上，湛蓝的天、碧蓝色的湖水与白雪、绿草交相辉映组成一幅美丽、动人的画面。纳木错湖水靠念青唐古拉山的冰雪融化后补给，沿湖有多条大小溪流注入。

纳木错
（麻少玉　摄）

玛旁雍错

玛旁雍错意为“不可战胜的碧玉之湖”“最圣洁的湖”“冰冷之湖”“圣母之湖”。它与冈底斯山相毗连。玛旁雍错海拔 4933 米，是世界上海拔最高的淡水湖，面积约 400 平方千米，最深处 77 米，湖形如满月。

羊卓雍错（麻少玉　摄）

羊卓雍错位于西藏山南地区浪卡子县和贡嘎县之间。湖面海拔 4000 多米，面积近 640 平方千米。羊卓雍错湖水被誉为世界上最美丽的水。藏语“羊”是上面的意思，“卓”是牧场的意思，“雍”是碧玉的意思，连起来就是“上面牧场的碧玉之湖”。

农历五月初五“端午节”

时值夏季，正是疾病流行的季节，因此端午节由来可追溯为祛邪避恶，以求身心平安。古代“午”与“五”同音，五月五日有以兰草沐浴的习俗，所以端午节又称“浴兰节”。中国的汉、壮、布依、侗、苗、土家和仡佬等民族还有吃粽子、划龙船和插菖蒲的节日习俗。不过对节日的内涵说法不一，有纪念屈原说（龙舟由古越人对龙图腾祭器演变而来），又说为夏至节所衍生。福建惠安崇武赛龙舟则是抢在台风季节即将到来之前在海上举行的一种祭神驱魔活动。据传后来因某年失事，就不再在海上赛龙舟而改在陆上游龙舟，游行时要唱《阿螺歌》，请求神灵消灾免祸。

贵州镇远苗胞在龙舟赛之前训练（毛德明　摄）

在台湾，端午节有“取午时水”的习俗。传说郑成功收复台湾时，军队登岛后找不到淡水，郑将军插剑入地，希望泉水涌现。拔剑后果然山泉喷涌，当时正值端午节的午时。今台湾大甲铁石山上的剑井，就是当年郑成功插剑之处。因此，人们年年端午节午时取剑井水祈求平安。

苗族五月端午赛龙舟的历史也很悠久。明嘉靖《贵州通志》卷三“风俗”记载:“镇远府端阳竞渡。府临河水，舟楫便利，居人先期造龙船，绘画首尾，集众搬演居戏。以箬裹米为粽，弃水中。拽船争先得渡者，是岁做事俱利焉。”清乾隆《镇远府志》卷九写道:“重安江由秉入清江。苗人于五月二十五日亦作龙舟戏……”

农历六月二十四日“都江堰放水节”

都江堰放水节这一天，都江堰人山人海，纪念李冰主持创建都江堰。历史上既有官方主持在二王庙的祭奠仪式，也有民间自发的祭祀活动，从古至今都江堰年年香火鼎盛。据史料记载，官方正式颁定“清明放水节”祭祀活动始于宋（公元978年），现代成为都江堰市的一项特有风俗。2006年，经国务院批准都江堰放水节列入第一批国家级非物质文化遗产名录。2012年，成都市将“都江堰放水节”向联合国教科文组织申报列入“人类非物质文化遗产代表作名录”。

农历七月上旬藏族“沐浴节”

每年藏历七月六日至十二日，无论是县、乡或是牧区农区的藏族同胞，都有一个群众性的洗澡活动——沐浴节（藏语为“噶玛日吉”）。

沐浴节的帐篷
（普布扎西　摄）

沐浴节的湖边丛林

这项富有鲜明浓郁民族特色的沐浴活动，在日喀则至少有七八百年的历史了。这个时节高原雨季刚过，风和日丽，阳光灿烂，藏胞阖家而出前往河水之滨，白天洗衣物，夜晚“弃山星”（金星）高悬之时，便尽情地嬉水游泳，洗濯一年的风尘。

农历十月三十一日至十一月二日布依族“祭水节”

祭水节是布依族信奉水神、河神和湖神，提倡祭水放生和多神崇拜、祭奠的节日。布依族的祭祀场面虔诚壮观：点烛敬香、敬献供品、恭读祭文、乐舞告祭，以及进行八音祈福，傩仪驱邪，铜鼓祈福，金狮清道，巨龙腾舞，送神归湖和放生。其中乐舞告祭为其重点内容，演绎寻找心灵寄托，表达虔诚心愿，向往美好未来的心理，宣传多神信仰、和谐相处的文明精神。

农历十二月十六日彝族“祭水节”

水是彝族人顶礼膜拜的对象之一，每到这一天彝族同胞便会不约而同地汇聚在誉为圣水的支嘎阿鲁湖畔，举行隆重的祭水仪式，深刻地体现出彝族同胞深厚的热爱和敬畏大自然的民族文化底蕴。

每年元月份的“冰雪节”

现代社会经济较发达地区，人们主要以艺术、健身的形式来体现对水的爱惜和尊重。在高纬度地区天寒地冻的白色世界，每年元月份的冰雪节也很是热闹。世界著名冰雪节有：加拿大的冬令节、日本的冰雪节、挪威的滑雪节、荷兰欧洲最大的冰雪节、西班牙马德里的欧洲最大的冰雕节，以及中国哈尔滨的冰雪节。

3 月 22 日“世界水日”

1993 年 1 月 18 日，第四十七届联合国大会作出决议，确定每年的 3 月 22 日为“世界水日”，以表达人类对水的敬畏和尊重。

从“水”中诞生的哲理

查阅《新华字典》，有“三点水”偏旁的常用字有544个，而《汉语成语大词典》(河南人民出版社1985年版)带“水”的成语有908条，《辞海》中带“水”的词就更多了。汉字从象形起源，创造了这么多与“水”相关的字、词和成语，自然是为了叙述和描写水，比喻或寓意与水有关的事和理。这些字、词和成语的数量给出了一个信息，那就是博大精深的中华文化与水有着深厚的渊源，水是中华文化的源头之一，水的内涵像大海一样浩瀚深邃。有着上下五千年历史的中华民族，先人们对水的观察、探索和研究，在思想情操、修身养性、认识自然、治国理事等方面，从水中都能提炼梳理出丰富而且精辟的醒世哲理。中国许多传统的思想、观点都因水而得以成形，许多智慧、谋略都能从水中得到启迪，许多情感都因水而得以寄托。中华民族的文化，可以说就是“水的文化”。

老子、孔子、庄子论“水”

古人很早就将水具有的连续性、无形性和渗透性与道德、智慧联系在一起。“上善若水，厚德载物”是中华民族传统美德的一种高度概括，也是当今提倡的精神文明的人生高级境界。“上善若水”出自春秋时期老子所著《道德经》中的一段话：“上善若水，水善利万物而不争，处众人之所恶，故几于道。居善地，心善渊，与善仁，言善信，正善治，事善能，动善时。夫唯不争，故无尤。”

“上善”即最好、最真实的善，可引申为“最善之人”。“上善若水”就是说最好的处世之道应该像水一样。水又有什么样的品质呢？“水善利万物而不争”意思是水滋润世间万物而从不要求回报。不仅如此，水还“处众人之所恶”。有的人喜欢高高在上，水是不会攀高附贵的，水做了那么多有益于别人的事情之后，还甘愿使自己处于人所不愿处的低卑洼地。“海纳百川，有容乃大”，道出了海成其大的根本原因，不就是因为它在最低处吗？如果人人像水一样做到了这一点，那么，“故几于道”，那就是人生的最高境界“道”了。

更具体地说，做人要做到胸怀像水那样平静能容；对待同学、同事、朋友和亲人像水那样施仁慈讲亲爱；说话，像水那样诚信；为政，像水那样清澈无瑕、光明正大，像水滋润万物那样无私无畏而不图回报，不矜威意重，无私功自高；处事，像水那样无所不能；行动，像水那样顺势变化，像水那样辛勤地、不断寻求解决困难的出路。

老子对水极为推崇，以水作为一种理想化的为人原则；水使他的哲学充满了辩证法的灵性。老子认为，人的思想行为应该像水一样，不仅要帮助别人不图回报，自己还应时刻保持谦虚谨慎的态度。这既是老子对人生之“道”的认识，也是中国古代推崇的一种理想的处世道德。

“厚德载物”四字出自《易经》“乾卦”和“坤卦”中的话：“天行健，君子以自强不息。地势坤，君子以厚德载物。”这段话阐述了才能与品德之间的关系。“天行健，君子以自强不息”意思是强者应当通过不断的努力具备超凡的济世才能；“地势坤，君子以厚德载物”含义是人应像大地一样宽广厚实，以流水不腐持之以恒的优秀的品行和宽阔的胸怀使自己无所不包，承载万物。

“上善若水，厚德载物”，即以美好的品德、高尚的情操、宽广的胸怀来承载、滋养、包容和造福世间万物。历代教育家将这两句不同出处的经典话语联系在一起，倡导我们继承发扬伟大的中华民族精神。

孔子对水也情有独钟。他在《论语》中是这样说的：“知者乐水，仁者乐山。”其大意是：智慧的人，因其无所不知，思路通达流畅，与流水相似，故而喜欢水。《孔子集语》所引《说苑·杂言》：子贡问孔子说：“君子见到大水必定观看，不知有何讲究？”孔子答：“君子用水比喻自己的德行。水遍及天下，没有偏私，好比君子的道德；水所到之处，滋养万物，好比君子的仁爱；水性向下，随物赋形，好比君子的仗义；水浅则流行，深则不测，好比君子的智慧；水奔赴万丈深渊，毫不迟疑，好比君子的勇敢；水性柔弱活灵，无微不至，好比君子的明察；水遭到恶浊，默不推让，好比君子的包容；水承受不法，终至澄清，好比君子的善化；水入量器，保持水平，好比君子的正直；水过满即止，并不贪得，好比君子的适度；水历尽曲折，终究东流，好比君子的意向。”

每到草木苏醒春暖花开，孔子挺喜欢带着学生踏青，饱览大自然的美景。来到河边远观俯察，看河里清澈的流水遐思感叹：“逝者如斯夫！不舍昼夜。”（《论语》），他所说的“逝者”，虽无特定所指，却可包罗万象。自然界日月运行，昼夜更替，日复一日，春夏秋冬四季变迁，一年又一年；人世间人由少而壮再而老，每过一年即去一岁。从三皇五帝到秦皇汉武，无不去陈更新。由此领悟“逝者”，就像流水，朝前流不回头。看来，“逝”字作消逝解，应当在理。

“逝”还有实事求是，去伪存真，不断进取的含义。明确目标之后，必须艰苦奋斗，在实践中求真知，才能达到与时俱进的智慧境界。如若存有私心，起念与人争夺名利，投机取巧，那就应当自我反省。

高尚的人品性厚重稳健、端正无邪，其崇高如山，其心胸如海。《庄子》云：“水之积也不厚，则负大舟也无力。”确实，水体不开阔厚深就不能航行大船，人若学问修养不广博高深又怎么能担当重任？“从水之道，而不为私焉。”从水中获得道理，只要顺此道而行，顺其自然，不怀私念则可随遇而安。在中华民族传统文化中，积淀深厚的儒家思想，可以说是对“水”解读的升华。

水的特质给人的启迪

水主观能动，能无怨无悔地推动和承载别人；水善于探索方向不知疲倦地奋进；水遇到障碍时，能奋发百倍的力量；水能以自己的纯洁去荡剔污浊，有忘自我的崇高品行；水能蒸发为云，变成雨、雪、雾和霜或凝结成晶莹剔透的冰，却仍不失其本性。水是文化，水是哲学，千变万化的水，蕴含着深刻的哲理，给人以启迪和无限的联想。

禅语曰:“善心如水。”水极强的渗透性滋润了大地；以不息的流动改善了环境，使地球充满生机；水可驱动机器发电生能，水利于万象万物，水之善心无穷无边。

“流水不腐”是警示人的思想要与时俱进；“饮水思源”是告诫人们不要忘本；“顺水推舟”是昭示人们要善于顺从自然规律；“君子之交淡如水”是提倡交友要至诚，不以势利为条件；“水中捞月”是规劝人们不要去做毫无意义的事；“拖泥带水”是批评办事不讲效率，做事没有干劲；“从善如流”是主张要痛快地接纳好的意见。

“击之无创，射之无伤，斩之不断，焚之不毁”是说水的意志最坚韧，水有傲骨正气，像人一样需要得到尊重。水从来不吃硬，对水不能堵塞而只能疏导。若想狠狠地用手抓到更多的水，那只能是竹篮打水一场空。若是轻轻捧一掬山涧清泉，它奉献给你的是清冽甘甜。

“发源必东，浩浩乎不屈”是说水前进的方向最坚定。滚滚奔流，日夜不歇，披荆斩棘，终入大海。水在前进的道路上，不怕任何困难，不偷懒取巧。不论千沟万壑，还是大坑小洼，即使千回百折，也万难不辞，总是孜孜不倦地充满每一个坑洼，锁定目标，矢志不移，任何险阻都不能阻挡它前进的脚步。“赴百仞之谷而不惧”，即使粉身碎骨也勇敢无畏在所不惜，一路高歌从容奔赴。

“水者，准也，准至物也”，“非水无以平准万里之平”是说水的作风最公平公正。水有极强的原则性，水装入容器，一定保持水平，不管你怎样摆布，最终永远归于水平。所以，人们总是用“水平”来衡量事物评价人品。杜甫诗云：“随风潜入夜，润物细无声。”描写霏霏细雨，无声无息飘落大地，无一遗漏滋润万物。世界上最怕“认真”二字，水最讲认真；做事最需精细，水的精细无与伦比。“水之道，大不可极，深不可测”是说水的胸襟最开阔，一个宽宏大量的人，必能容纳异见，要不怎么能“海纳百川”。“高山流水”是知音，“海枯石烂”喻爱情，“行云流水”为妙境，“如鱼得水”是幸运，“山清水秀”如美好人生。

水有浮力，故能载舟行船。但是，水会因风起浪，浪大时能倾覆船只，这就是“水能载舟，亦能覆舟”的缘由。一般认为，这句格言最早见于战国时期哲人荀子的《王制篇》：“庶人安政，然后君子安位。传曰：‘君者，舟也；庶人者，水也；水则载舟，水则覆舟。’”唐太宗时，名臣魏征在《贞观政要》中也引用了类似的观点：“臣又闻古语云：‘君，舟也；人，水也（为避唐太宗李世民讳，以“人”代“民”）；水能载舟，亦能覆舟。’”这是认识水的一种辩证思维。

获得这样的认识并不困难，可贵之处在于将这种辩证思维联想到社会生活之中，使之成为一种维护社会稳定的思想。在中国古代社会，君与民是统治与被统治的关系。“水能载舟，亦能覆舟”作为统治者用来调和内部矛盾的一种思想认识，通过适当的利益再分配，能在一定程度上实现和谐，从而促进社会生产力的发展。唐太宗李世民正是因为听取了魏征“水能载舟，亦能覆舟”的忠告，最终实现了中国历史上著名的“贞观之治”。

《孙子兵法》中有不少谈兵之形、兵之势、兵之奇的论述，无不以水取喻：“夫兵形象水，水之形避高而趋下，兵之形避实而击虚，水因地而制流，兵因敌而制胜。故兵无常势，水无常形；能因敌变化而制胜者，谓之神”；“激水之疾，致于漂石者，势也”。战争的别称是战火，孙子却不谈火而论水，这是“孙子尚智”，他所重视的战略战术是“上兵伐谋”，是“不战而屈人之兵”，这些都是从“水”中取得的意蕴。《孙子兵法》是中华民族文化——“水的文化”的重要篇章。

现实生活中，存在着许多的崇高对应着平庸、空虚甚至麻木。水的崇高，可比喻是一座高山，让你感受巍峨；可比喻是一座丰碑，让你感受伟岸；可比喻是浩渺的大海，让你领会宽广；可比喻是波涛滚滚的江河，让你领悟雄壮；可比喻是一首交响乐，让你心情激动和舒畅。

水是最柔弱、最文静的，却又是最厉害、最强劲的。最坚硬的东西，都可以被水磨圆、被水钻穿。海的容量、海的能量、海的气势又有谁能比？大海深处是宁静的，平静却意味着水深不可测。

水，其实就是一部厚厚的巨著，让人们认真解读，深刻领悟。哲理如水，兵形如水，人生如水，智慧如水，真情如水，善良如水，心如止水，水如明镜……水依然不断给人们带来新的思考。

结语

大禹因治水建立了丰功伟绩，获得了遭受水患民众的信赖和爱戴。治水过程中需要按水域划分人群劳力，人员和物资需要组织管理，管理必须有对应的条令条规乃至奖惩的法规相配合，在一个相当大区域内以治水为中心，具有集权统一法令的机构便逐步形成，实际使氏族社会发展到了高级阶段。很自然地，大禹成为古代中国具有传奇色彩的首领，国家的雏形逐渐形成。

从秦始皇到清王朝两千多年农耕社会，水主宰着王朝的兴衰更替。如果风调雨顺，经济就发展，社会就稳定。反之则经济则衰退，民不聊生，必然引起天下大乱。水灾、旱灾的发生常常是诱发农民起义和社会动乱的导火索。秦末陈胜、吴广的起义背景是“秦徭役苛杂，不堪重负”，陈胜、吴广带队赶赴长城修筑工地，因“连日大雨如注，行程受阻”，面临“去也死，不去也死”的悲愤境况，于是揭竿而起；汉末黄巾起义是因为“年多旱，岁大饥，人相食”，“白骨露于野，千里无鸡鸣”的惨景；唐末黄巢起义是在北方连年大旱、官吏压榨日深、百姓走投无路的情况下发生的；最明显的是明末李自成起义，当时，陕甘一带“年旱持久，多岁饥荒，树叶草根皆尽，人相残食，饿殍盈野”，于是“闯王一呼，天下皆应”。

唐代水灾区域的变迁，牵动了社会经济发展重心的转移。在唐早期，政治经济中心位于关中，经济供给区遍及整个黄河流域，特别是中下游地区。陈寅恪称之为“关中本位政策”。“安史之乱”致使北方人口数量锐减、农业生产陷入停滞，促使了南方的开发力度加大。根据《吴地记》等记载，苏州人口由贞观年间不到二万户，到唐僖宗年间增加至十二万户，经济中心转移到了南方。南方水资源丰富更有利于农业生产，对于稳定当时的经济社会发展起到了重要作用。

历史学家认为，在中国历史上，社会制度与水（生存环境）有着直接的关系。“治水”与“治国”几乎有同等的含义。汉代的“文景之治”，唐代的“贞观之治”和清朝的“康乾盛世”，这几个王朝的中央政府，都设置有工部、水部或大司农机构，直接领导水的治理，同时设立河道总督检查水利工程。汉武帝还亲自指挥黄河堵口，康熙皇帝还把“河务、漕运与削藩”书于庭柱之上，经常阅看和思考，将其作为毕生关注的三件大事，而“水务”占了三分之二。能否有效地处理和调整好人与自然的关系，对于当时的中国来说，“治水”是第一位的。

早在远古时期，三皇五帝就知晓天然的河道能提供舟楫之便；春秋后期，开始了人工开凿运河。据记载：吴王夫差为了北上争霸，便于运送粮食和军队，最早开凿的运河是位于江淮间的邗沟；战国时期开凿了鸿沟，沟通了淮河与黄河；此后，秦代开挖了灵渠，沟通了长江水系和珠江水系；汉代开凿了一条三百余里长，连接长安与黄河的漕渠，使黄河下游地区的谷物贡赋能顺利运至京都长安，这条运河一直延续使用到唐代，成为长安给养运输的生命线；以洛阳为都城的东汉修建了沟通洛水与黄河的阳渠，实现了洛阳与中原之间的水运交通；东汉末年又开凿了平虏渠、泉州渠和新河等运河，沟通了黄河、海河和滦河三大流域。

隋朝统一全国后，从政治、经济等方面的需要出发，倾全国之力开凿运河，凿成了由永济渠、通济渠、邗沟和江南运河组成的南北大运河，将海河、黄河、淮河、长江和钱塘江五大水系联系在一个水运网中。南北大运河成为之后的唐、宋以及五代各王朝都城长安、洛阳、开封（汴梁）的生命线。

元代定都北京后，朝廷在南北大运河的基础上花大力气开凿了京杭大运河（一千七百余千米），从而使北方政治中心与南方经济中心连接起来，从此中华大地河网如织，南北贯通。大运河发挥了漕运的功能，依赖大运河源源不断地将江南各地的钱粮物资运到京师，使京师的百姓丰衣足食，社会繁荣稳定，有效地加强了中央集权，为巩固和维护国家的统一发挥了重要作用。

元代以后，尽管封建王朝几度更替，但中华民族保持在统一的状态，可以说大运河功不可没。富饶的长江流域和珠江流域与北方的政治权力中心依托河网构成了紧密的联系，有效地在发展中巩固了权力中心的经济中心地位。大运河这条交通大动脉，对打破区域封闭的壁垒，特别是促进文化认同感等方面都起到了不可替代的重要作用。

历史是一面镜子，“治水”如“治国”，这里包含着一个重大的文化命题：世界古代文明的发祥地都是处在大江大河流域。

不是吗？

请看：古埃及的“尼罗河文明”，两河流域的“幼发拉底河和底格里斯河文明”（又称“美索不达米亚文明”或“古巴比伦文明”），古华夏的“黄河文明”，以及古印度的“印度河文明”。

四大文明古国之所以能创造出辉煌灿烂的古代文明，原因在于生活在这里的人们很好地掌握了治水的能力，即控制河流、治理河流的能力和保护、利用河流的能力。换句话说，水是人类文明的“催生婆”，是这两种能力培育和催生了人类文明的诞生、延续和壮大。